여의도 스티브 잡스의
The 10 Commandments of Success
성공 10계명

여의도
스티브 잡스의

The 10 Commandments of Success

성공10계명

박인규 지음

행복우물

초판1쇄 발행 2011년 2월 10일
초판2쇄 발행 2011년 2월 17일

지은이 박인규 | **펴낸이** 최대석 | **펴낸곳** 행복우물 | **디자인** 정다인
등록번호 제307-2007-14호 | **등록일** 2006년 10월 27일 |
주소 경기도 가평군 가평읍 경반리 173 | **전화** 031-581-0491 |
팩스 031-581-0492 | **이메일** danielcds@naver.com

ISBN 978-89-93525-11-3 (03840)
정가 13,000원

※ 이 책의 저작권은 박인규와 도서출판 행복우물에 있습니다.
※ 잘못된 책은 교환해 드립니다.

"나와 함께 '트위터 백만 대군의 신화'를 창조한
e-비즈니스 부원들과 하나대투증권 모든 동료들에게…"

프롤로그_ prologue

왜 스티브 잡스인가?

아이폰과 아이패드의 열풍이 우리에게 미치는 영향은 단순한 정보통신 분야에만 국한되는 것은 아니다. 그 혁신의 중요성은, 그것에 의해 파생되는 상품들, 예를 들어 언론, 음원, 출판의 변화와 더불어 소셜 네트워크의 전반에 영향을 끼친다는 데에 있는 것이다.

트위터와 같은 소셜 네트워크에 의해 빠르게 전달되고 소비되는 정보들은 기하급수적으로 생산되고 교환되며 사회전반에 엄청난 파급효과를 몰고 오고 있다. 이러한 변화를 아이폰과 아이패드가 시작하고 있다. 그리고 그 중심에는 애플의 스티브 잡스가 자리하고 있다. 이것이 내가 스티브 잡스에 미쳐서 나의 영문 명함까지도 Steve Jobs Park으로 고쳐서 가지고 다니는 이유이다.

나는 평범한 증권 맨이었다. 단지 나에게 다른 점이 있었다면 스티브잡스와 그가 창조한 세계에 남들보다 더 일찍 빠져들었고 좀 더 많이 공감했다는 정도일 것이다. 엄청난 속도로 바뀌고 있는 세계에 대해서 끊임없이 생각하며 남들보다 더 능동적으로 대응하려고 노력했다. 그리고 어느 누구보다도 더 많은 시간을 투자하여 스티브 잡스의 연구에 매진했다. 그와 관련된 책은 국내외를 막론하고 모두 구입하여 밤을 새워가며 읽었다. 모바일 환경의 변화나 소셜 네트워크를 다룬 기사도 모두 스크랩하고 데이터베이스화 했다.

잠시 우리 자신을 돌아보았으면 싶다. 세상은 광속으로 변하고 있는데 우리는 과연 얼마나 적극적으로 그런 변화에 대처하고 있는가? 단지 휴대폰을 바꾸고, 아이패드를 샀다고 해서 그런 변화에 능동적으로 대처한다고 말 할 수는 없을 것이다. 시대의 변화를 예측하고 미리 대응해야 할 터인데, 문제는 그것을 어떠한 방법으로 어떻게 하느냐는 것이다. 바로 그런 고민들이 내가 2008년에 하나대투증권의 e-비즈니스부 부서장으로 발령을 받고나서부터 계속해 왔던 고민들이다.

국내에서 출간된 책들 중 모바일 환경이나 소셜 네트워크에 관한 책은 상당히 많다. 그렇지만 대개의 책들은 스마트 환경에 관한 현상을 설명하거나, 트위터의 사용법을 써 놓은 것들이었다. 그래서 늘 아쉬운 마음이 있었다. 즉, 책의 종수가 부족한 것이 아니라 실제로 어떻게 해야 한다는 명쾌한 솔루션을 제공해 주고 있는 책이 별로 없었다는 말이다. 모두가 수박

겉핥기에 지나지 않았다. 그것을 어떻게 활용해서 어떤 성과를 거두었다든지 또는 어떠한 방식으로 이끌어 나갔다는 사례에 관한 책은 거의 없었다는 말이다. 이런 나의 주장은 아마도 나 혼자만의 생각은 아닐것이다. 많은 마케팅 담당자들도 나의 주장에 공감 하리라 믿는다.

나는 스티브 잡스에 매료되면서부터 나도 그 사람처럼 무엇인가를 이룩해 보고 싶었다. 스마트 환경 하에서 어떻게 하면 살아남을 것인가를 진지하게 고민했다. 모바일 시장의 마케팅 패러다임은 또 어떻게 변할 것인지를 연구했다. 그리고 실제로 실행에 옮겼다. 그 과정은 고통스러웠으나 결과는 달콤했다.

주변을 둘러보면 세상이 깜짝 놀랄만한 뛰어난 생각을 갖고 있는 사람들은 많지만 그런 아이디어를 실행에 옮기는 사람은 극히 적다. 자신의 아이디어를 과감히 실천하는 사람이 성공하는 사람이다. 그런 사람만이 진정한 스티브잡스가 되는 것이다. 그래서 나는 이 책의 제2부 성공10계명에 STX 강덕수 회장의 이야기를 소개하였다.

세상에서 가장 긴 거리는 머리에서 팔까지의 거리라고 한다. 여러분도 아이디어가 있다면 지금 당장 실행하라. 증권사 최초의 케이크 앱인 피가로케이크도, 그리고 트위터 100만 대군의 신화도, 모두가 다 아이디어를 실행에 옮겼기 때문에 가능한 일이었다.

물론 내가 이 책에서 나를 '여의도의 스티브잡스'라고 한 것은, 나 자신이 스티브잡스와 동등하게 비교될 수 있다는 뜻은 아니다. 나는 평범한 사람들도 누구나 열정만 있으면 성공할 수 있다는 스티브 잡스의 도전정신을 보여주고 싶었다. 누구든지 아이디어만 있으면 성공할 수 있는 앱 스토어(App Store)의 세계에 대한 무한한 가능성을 열어주고 싶었다.

그런 가능성을 믿고 실천에 옮기는 여러분이 바로 서울의 스티브 잡스, 부산의 스티브 잡스, 대전의 스티브 잡스, 광주의 스티브 잡스, 대구의 스티브 잡스, 인천의 스티브 잡스, 그리고 강원도 어느 산골의 스티브 잡스가 될 것을 기대하는 것이다. 나는 국내뿐만이 아니라 해외에 거주하는 우리 청소년들에게도 기회는 무궁무진하게 열려있다고 확신한다. 자신의 아이디어를 주저하지 않고 적극적으로 실행에 옮긴다면, 그들이 곧 제2, 제3의 스티브 잡스가 될 수 있다는 말이다.

이제 여러분들에게 지난 몇 년 간 내가 걸어왔던 길, 그리하여 작은 결실을 거두었던 비밀을 알려주려 한다. 그것은 스티브 잡스의 신념대로, 다르게 생각하는 발상으로부터 출발하여 세상을 바꾸겠다는 비전과 실패도 두려워하지 않는 추진력의 결과로 이룬 결실이었다. 물론, 스티브처럼 세상을 통째로 변화시키는 엄청난 성공이라고는 할 수 없지만 그래도 자기가 몸담은 분야에서 그런 변화를 주도하여 이루어 냈다는 것은 얼마나 감동적이고 가슴 뿌듯한 일인가.

이 책을 읽는 여러분들 모두의 건투를 빈다.

목차_contents

프롤로그 6

Chapter 01
트위터 백만 대군의 신화

01_ 그 첫 발은 이렇게 시작되었다.   15

02_ 피가로 케이크 알리기   29

03_ 트위터를 실제 마케팅에 적용한 사례   32

04_ 드디어 100만 대군의 신화를 만들다.   36

05_ 피가로 케이크 100배 즐기기   43

06_ 멘토스 방송국 이야기   52

07_ 신당동 과일가게집 아들에서 증권사 부장으로,
    그리고 더 큰 도약을 위해   55

08 _ 나의 꿈과 비전   62

Chapter 02
성공 10계명

01_ 목표를 세워라.   73
02_ 다르게 생각하고 다르게 행동하라.   84
03_ 호기심을 가져라.   95
04_ 꿈을 시각화하라.   107
05_ 인생의 멘토를 만나라.   120
06_ 긍정적 자화상을 가져라.   131
07_ 실패를 두려워 말고 끈질기게 노력하라.   143
08 _ 주어진 일에 최선을 다하라.   164
09 _ 독서하라.   178
10 _ 감사하라.   190

에필로그   202
감사의 글   205

제1부

Chapter **01**

트위터
백만 대군의
신화

01_ 첫 번째 이야기

그 첫 발은 이렇게 시작되었다

나는 2008년 하반기에 하나대투증권 심시완 사장님의 특명으로 멘토스 방송국을 개설하는 책임을 맡게 되었다. 그로부터 4개월 동안 혼신의 힘을 기울여 팀원들을 독려하며 밤샘 작업을 하여가며 죽기 살기 식으로 매달린 결과 2008년 12월에 하나대투증권 멘토스 온라인 방송국을 개국하게 되는 감동을 맛보았다.

멘토스 방송에 대한 더 자세한 이야기는 나중에 다시 서술할 것이나, 여기서 내가 밝히고 싶은 것은 그 멘토스 방송국의 개국이 결과적으로 내게 '트위터 100만대군의 신화'라는 영광을 가져다 주는 계기가 되었다는 사실이다.

멘토스 방송국에 '지식 멘토'라는 파트가 있는데 그 파트의 하나로 좋은 책을 소개하는 북 포럼(Book Forum) 코너가 있다. 북 포럼은 2009년 11

월부터 시작한 이래 지금까지 계속 진행 중이다. 북 포럼은 매주 월요일 오후 5시부터 6시까지 진행되며 와이즈파트너 회사의 대표이사인 고우성 지식 PD가 베스트셀러 저자와의 대화를 맡아서 진행하고 있다.

고우성 대표는 이전에도 7년 동안 이 코너를 다른 인터넷 방송에서 진행하였는데, 우리와의 섭외 결과 멘토스 방송으로 이 코너를 가지고 오게 되면서 오히려 예전보다 더 큰 호응을 얻게 되었다.

북 포럼에서는 소셜 네트워크의 트렌드에 관한 책을 여러 번 소개하였는데, 나는 그 당시만 해도 솔직히 소셜 네트워크에 대한 지식이 거의 없었다. 코너가 끝나고 고우성 대표와 저자들과 함께 어울려 식사를 하게 되면 할 이야기가 없어서 굉장한 소외감을 느꼈다. 평소에 독서를 엄청나게 한다고 자부하는 나였지만 그때까지만 해도 그쪽 분야의 책은 별로 관심을 기울이지 않았던 것이다.

그때부터 월요일에 진행할 책을 집에서 미리 읽고 와야겠다는 생각을 하게 되었다. 그 때 읽었던 책들이 바로 웹 2.0, 3.0, 그리고 트위터 관련 책들이었다. 나는 그 몇 달 동안 시중에 나와 있는 소셜 네트워크 관련 책들은 모조리 읽었다. 그런 후에 매주 저자들과 대화를 하다 보니까 스티브 잡스에 대하여 더 많은 호기심을 갖기 시작했고, 급기야는 스티브 잡스 연구가가 되어 버린 것이다.

결론적으로, 내가 직접 세운 멘토스 방송국의 북 포럼 코너가 역설적으로 내게 스티브 잡스와 스마트 환경에 대하여 집중적인 연구를 하게 만든 동기가 된 셈이다. 그렇게 몇 달을 지내다 보니 어느 순간 시야가 확 트이는 나 자신을 발견하게 되었다. 사실 그 전에도 고 대표가 날보고 트위터를 해보라고 몇 차례 권유를 했지만 그때 당시에는 그럴 필요성을 실감하지 못했었다.

그랬던 내가 책을 읽고 스스로 연구하다보니 어느 사이 의식이 열렸고 저자들과 만나서 대화를 하다 보니 트위터가 앞으로 이 세상을 바꾸어 갈 도구임을 스스로 깨닫게 된 것이다. 그러나 실제로 @mentorsking이라는 트위터 계정을 열고 열심히 해봤지만 별 반응도 없었다. 반응이 없으니 그저 그냥 시들하고 재미도 없었다.

바로 그 즈음에 타 증권사들이 스마트폰으로 이벤트를 진행하기 시작한 것이었다. 당시만 해도 하나대투증권은 스마트 환경에 아무런 준비가 되어있지 않을 때였다.

나는 큰 마음을 먹고 스마트 폰을 샀다. 스마트폰을 처음 사서 앱 스토어를 열어본 순간 나는 경악을 금치 못했다. 그것은 내겐 굉장한 충격이었다. 앱을 다운로드 받기 시작하면서 애플리케이션의 세계에 푹 빠져버렸다. 그때부터 트위터를 본격적으로 시작하였다. 스마트폰에 트위터가 함께 어우러지면서 트위터의 참 묘미를 알게 된 것이다.

그때부터 나는 유명인을 쫓아다니면서 팔로잉(친구 맺기)을 했는데, 뉴스가 신문보다 빨리나오는 것이 재미있었고, 트위터에서 맛 집 소개나 재미있는 글과 그림을 보는 것이 너무 흥미로웠다.

그렇게 트위터의 매력에 푹 빠져 지내던 중, 2010년 5월 21일 석가탄신일을 맞아 집에서 쉬고 있을 때였다. 그날 나는 재미있는 글이나 뉴스를 막연하게 기다리기만 할 것이 아니라 내가 직접 재미있는 글을 띄워보기로 했다. 팔로워가 500명일 때였다. 그런데 글을 띄워도 나의 팔로워들로부터 별 반응이 없었다.

　몇 시간 후, 15,000명의 팔로워를 가진 사람이 나와 비슷한 내용의 글을 띄웠는데 그에 대한 반응은 가히 폭발적이었다. 나는 비로소 팔로워 숫자의 힘을 깨달았다. 그때부터 나는 내가 적극적으로 팔로잉을 해서 팔로워 숫자를 늘려야 하겠다고 마음먹었다. 트위터를 커뮤니케이션의 채널로 인식하게 된 순간이었다. 트위터가 앞으로는 마케팅의 커다란 도구가 될 것이라는 뚜렷한 확신을 갖게 된것도 그때부터였다.

　스마트 폰과 트위터의 위력을 알고 나서부터 나는 하나대투증권의 모바일 앱인 SmartHana 이외에도 무언가 일반 소비자들의 관심을 끌 애플리케이션이 있어야 하지 않을까 하는 생각을 품기 시작했다. 무언가 일반 대중들에게 부담감을 주지 않고도 자연스럽게 우리 회사에 관심을 가질 수 있는 것이 없을까를 고민하던 중 피가로 케이크의 개발에 나서게 된 것이다.

　피가로 케이크의 개발에 혼신을 힘을 기울이던 2010년 초, 많은 사람들은 나를 보고 미쳤다고 했다. 그렇게 보였을 수도 있었을 것이다. 당시만 해도 트위터를 마케팅에 접목한다는 발상 자체를 가져본 기업들이 별로 없었을 때 였으니까.

　주변에서 이런 저런 이야기들이 들려왔다.

　"증권사에서 케이크를 만드는 애플리케이션을 개발한다고?"

　"트위터 마케팅? 그게 뭔데?"

　하지만 나는 믿음이 있었다. 이는 허망한 공상에 바탕을 둔 믿음이 아니었다. 그것은 끊임없는 독서와 연구, 사회 각계각층에 산재해 있는 비즈니스 리더들과의 대화, 그리고 오랜 시간 속의 경험과 통찰에 바탕을 둔 믿음이었다.

그리하여 대한민국의 한 증권사에서 모바일 앱인 피가로 케이크를 개발하였고, 그 작은 앱이 최단기간 내에 전 세계 앱 스토어 시장의 6위까지 뛰어 올랐으며, 트위터 역사상 처음으로 단일부서에서 팔로워 100만 명을 확보하여 모든 언론사들의 주목을 받는 기적을 일으킨 것이다.

생각해보라.

국내 최대 신문사인 조선일보의 발행부수가 185만부라고 한다. 그렇다면 한 증권사의 단일부서가 100만 명의 트위터 팔로워를 가지고 있다는 사실이야말로 엄청난 사건 아닌가? 그 파급효과를 투입비용 대 산출효과로 비교해 보라는 말이다.

하나대투증권은 트위터 마케팅을 가장 활발히 펼침으로써 타 경쟁사들보다 모바일 마켓의 선두에 섰다. 우리가 100만의 팔로워를 확보했을 때 다른 경쟁사들은 아직도 몇 만의 걸음마 단계에 머물러 있었다. 2위 업체라는 곳에서 확보한 숫자라고 해 보았자 겨우 10만에 지나지 않는다.

그건 정말 회사의 오랜 염원이었던 증권업계 BIG 5 진입을 모바일 쪽에서 먼저 이룬 쾌거였다. 물론 광고와 같은 여러 가지 다른 요소들이 복합적으로 작용하기도 했겠지만, 하나대투증권이 최근 크게 떠 오른 것은 분명 트위터 마케팅의 결실이라고 보아도 무방할 것이다.

하나대투증권이 트위터 마케팅으로 증권가에서 경쟁사를 제키고 앞서 나간 데에는 피가로 케이크라는 독특한 효자상품이 있었다. 지금부터 출시 2주 만에 앱 스토어 6위까지 올라간 모바일 애플리케이션인 피가로 케이크가 나오기까지의 우여곡절을 소개하겠다. 당시 애플의 앱 스토어에는 전 세계에서 개발된 애플리케이션이 30만개나 있었다고 한다. 우리가 그 중에서 당당히 6위를 차지 하였다는 말이다.

나는 기러기 아빠다. 아들 하나와 딸 둘을 아내에게 맡겨서 모두 캐나다로 보내 놓고 보니 한국에서는 나 혼자 쓸쓸히 지내야만 했다. 혼자 지내는 것도 하루 이틀이지 그것도 처음에는 견딜 만 했으나 1년을 넘기자 그 지루함이란 말로 표현하기가 어려울 지경이었다. 아마도 같은 기러기 아빠가 아니고서는 도저히 나의 심정을 이해하지 못할 것이다.

그래서 더더욱 죽기 살기 식으로 회사 일에만 매달렸다. 그 덕분에 회사에서 최대 규모의 부서인 e-비즈니스부의 부장을 맡는 영광을 얻기도 했지만 그것은 어찌 보면 상처뿐인 영광이라고 해야 할 것이다. 가족과 오순도순 보내야 할 시간을 서로 지구의 반대편에서 지내야 하는 고통을 감수해야 했으니 말이다. 물론 내가 선택한 것이고 우리 가족이 좋아서 한 일이니까 회사에 대고 무어라 불평을 할 처지는 못 된다.

그런데 그렇게 정신없이 회사 일에 매달려 하루하루를 살다보니, 매번 아내와 아이들의 생일을 놓치기 일쑤였다. 어느 날 통화를 하던 중 아내가 울음 섞인 목소리로 내게 이렇게 하소연 하는 것이었다.

"여보, 이번에도 애들 생일 그냥 지나친 거 당신 알고나 있어요? 내 생일은 그렇더라도 아이들 생일은 기억해 주어야 하는 것 아니에요?"

아내의 말인 즉, 애들이 생일날 아빠한테서 전화가 오기를 은근히 기다리는 눈치였다고 했다. 그리고는 잠자리에 들기까지 연락이 없자 못내 섭

섭해 하더라는 것이었다. 그 말을 듣는 순간 나는 가슴이 너무 아팠다. 물론 사랑하는 아내와 자식들을 위해 이렇게 열심히 일하는 것이지만 그래도 전화 한 통 정도는 해 주었어야 하는 것 아닌가? 나의 무관심과 나태함을 스스로 자책하던 중, 사랑하는 가족에게 케이크 하나도 보내 줄 수 없다는 현실이 너무 안타까웠다.

내가 일하는 시간이 그곳 캐나다 시간으로는 밤이었고, 케이크를 보내려고 해도 케이크가 썩기 때문에, 또 배달비가 너무 비싸기 때문에 보낼 수 없는 것은 엄연한 현실이었다. 그렇더라도 무엇인가 축하할 수 있는 방법이 없을까 하고 생각을 하다가 잠을 설치곤 했다.

그리고 또 하나, 막상 내가 캐나다를 가서 가족들하고 함께 있을 때는 핸드폰으로 할 것이 없었다. 핸드폰을 이용하여 무엇인가 가족이 하나가 될 수 있는 일이 없을까? 이런 서런 궁리를 하면서 핸드폰을 만지작거리도 마땅히 온 가족이 함께 쓸 만한 기능이 없었던 것이다.

2010년 5월 초의 어느 날이었다. 당시 나는 우리 부서원들을 이런저런 세미나 교육 프로그램에 많이 보냈다. 되도록이면 많이 배우고 오게 하자는 취지였다. 그중 하나가 COEX에서 진행된 모바일 세미나였다. 그 연수 프로그램에 1박2일간 다녀온 우리 부의 이현원 차장이 잔뜩 흥분하여 나를 찾아와서는 이렇게 말하는 것이었다.

"부장님, 기가 막힌 것이 있습니다."

"뭔데?"

"이번 세미나에서 블링크 팩토리라는 회사의 이지만 대표라는 사람이 강사로 나왔는데 '브랜드 앱'이라는 걸 얘기 하더라고요. 그걸로 브랜드를 홍보하는 거지요. 맥주앱, 피자앱, 랜턴앱, 뭐 이런 것들이에요. 스마트 폰에 나와 있는 맥주 병 그림을 기울이면 맥주 따르는 소리가 나는 게 맥주 앱이고요…"

장황한 그의 이야기를 듣고 있던 중, 나는 문득 그것을 기러기 가족과 연관시켜 볼 수는 없을까 하는 생각을 해 보았다. 그래서 그 즉시로 이지만 대표를 초청하여 만나보았다. 당시 그는 28세의 청년으로 미국 실리콘밸리에서 공부하고 온 사람이었는데, 스마트 폰과 애플리케이션에 다양한 지식을 갖고 있었다. 뿐만 아니라 그에게서는 모바일 시장에 대한 강한 열정과 자신감이 넘쳐났다.

이지만 대표로부터 1시간 30분정도의 브리핑을 받고나자 비로소 브랜드 앱이라는 것에 대해서 정확히 알게 되었다.

그 주 금요일에 나는 우리 e-비즈니스부 부원들을 모아놓고 브랜드 앱에 관한 브레인스토밍을 하였다. 그 후 수차례에 걸쳐서 블링크 팩토리의 이지만 대표와 직원들, 그리고 우리 하나대투증권의 e-비즈니스 부원들 간에 합동 토의를 하는 과정에서 이런 저런 좋은 아이디어들이 많이 나왔다.

첫 번째가, 세계지도를 누르면 펀드정보를 알려 주는 애플리케이션을 만들어 보자는 아이디어,

두 번째가, 유명 연예인들이 시간을 알려주는 시계 애플리케이션을 만들어 보면 어떻겠느냐는 아이디어.

세 번째가, 피자헛처럼 우리도 순전히 한국적인 것으로 무엇인가를 할 수는 없을까? 하는 의문 제기, 등등, 무려 열 가지 이상의 아이디어들이 쏟

아져 나왔다. 그 아이디어들은 나름대로 제각기 독특하고 창의적이었다.

나는 그때 가족들과 함께 주고받을 수 있는 케이크를 만들면 어떨까 하는 생각을 해 보았다. 일 년 내내 가족들과 떨어져 있다 보니까 누구보다도 절실하게 그런 필요성을 느끼며 살고 있었던 것이다. 꼭 떨어져 있는 사람들이 아니더라도 축하할 일은 일 년 내내 있는 것 아닌가? 가족끼리, 연인끼리, 또 때론 친구끼리… 이런 저런 경우에 따라 활용도가 꽤 높을 것만 같았다.

나는 케이크 앱을 개발하는 쪽으로 방향을 잡고 곧 바로 상부에 보고하고 결재를 받자마자 개발 작업에 돌입했다. 그 후 몇 차례 브레인스토밍을 하던 중, 회사의 황순배 차장이 '피가로'라는 우리 자체 브랜드를 활용하면 어떻겠냐고 제안했다. 피가로는 하나대투증권의 온라인 최저 수수료율이 적용되는 계좌 브랜드이다.

나는 그거야 말로 좋은 아이디어라고 즉석에서 그 제안을 채택했다. 기존의 브랜드를 애플리케이션으로 활용했을 때에는 그 효과가 훨씬 더 커진다는 것쯤은 나도 이미 알고 있었으니까. 이렇게 하여 본격적인 착수에 들어간 것이 2010년 5월 10일이었고 이것이 피가로 케이크 탄생의 제1보였다.

증권회사에서 케이크를 만드는 애플리케이션을 개발한다고 했을 때 많은 반발이 있었다. 심지어는 하나대투증권의 직원들까지도 반신반의 했다.
"그게 뭐 효과가 있을까요?"
이런 식이었다. 그렇지만 나에게는 확신이 있었다. 그것은 무어라 딱 집어서 말할 수 없는, 마치 번쩍 스쳐지나가는 섬광과도 같은 느낌이었다. 아마도 스티브 잡스가 아이폰의 컨셉을 잡았을 때 느꼈던 감정이 당시 나의 느낌과 비슷하지 않았을까 생각해 본다.

스마트폰의 보급이 급속도로 퍼질 것이라는 전망과 그에 따라 '피가로 케이크'도 무섭게 보급될 것이라는 믿음 말이다. 이런 나의 확신은 불과 6개월 만에 놀라운 결과로 증명되었다.

피가로 케이크를 개발하기 위해서 본격적인 '전쟁'이 시작되었다. 매일 밤 11시 퇴근은 기본이고 토요일 근무, 일요일 근무도 밥 먹듯이 했다. 그러자 여기저기서 볼멘소리들이 터져 나왔다. 회사 내에서 '또라이' 소리를 들으면서도 나는 그 일을 묵묵히 추진해 나갔다.

개발 과정에서 가장 힘들었던 일은 출시를 얼마 앞두고 개발 팀원 중 한 명이, 음원을 사용하면 저작권료를 내야하지 않겠느냐는 질문을 했고, 알아본 결과 외국 곡은 작곡가의 사후 70년 동안, 국내 곡은 사후 50년 동안 저작권료를 내야한다는 것이었다. 이 문제 때문에 갑자기 개발이 마비되었다.

나는 올해 100만개, 내년까지 1,000만개의 다운로드를 목표로 하고 야심차게 개발을 독려했는데, 막상 음악 사용료를 넣고 계산해보니 이것은 팔면 팔수록 손해가 나는 구조였다. 예를 들어 음악 사용료를 한 건당 1,000원으로 잡을 경우 올해에만 음원 사용료로 1억 원을 내야 된다는 계산이 나왔다. 만약 피가로 케이크가 성공하여 전 세계적으로 이용된다면 그 비용도 천문학적으로 증가할 것이 아닌가. 나는 고민에 빠졌다.

밤 12시까지 실무진들과 머리를 맞대고 궁리에 궁리를 거듭해도 답이 안 나왔다. 윗선에 보고했을 때 그분들이 '증권사에서 케이크를 만든다고 설쳐대더니, 박 부장 네가 드디어 회사를 말아먹었구나.'라는 호통을 당할 것을 생각하니 눈앞이 캄캄했다. 그렇게 고민에 쌓여서 상부에 보고도 하지 못하고 혼자 끙끙 앓고 있을 때 문득 이런 생각이 떠오르는 것이었다.

"스티브 잡스라면 어떻게 했을까?"

내 머릿속에서 그가 '결코 포기하지 마라.'며 나에게 속삭이고 있는 듯했다. 그 다음 주 월요일, 그 날도 아침 회의를 하면서 아이디어를 짜내고 있었다. 마침 그날은 우리 멘토스 방송국의 임현식 PD가 일주일 휴가를 다녀온 날이었다. 그가 나에게 휴가를 다녀와서 인사를 하러 왔을 때 나는 이렇게 물었다.

"임 피디, 우리 시금 시금 음원 저작권 문제 때문에 난리가 나고 뒤집어졌는데, 음원문제에 대해서 잘 아는 사람 혹시 없을까?"

그가 바로 구세주였다.

그는 당시 서강대 언론홍보대학원에 재학 중이었는데, 그곳에 KBS 음악 감독님이 계시다고 하였다. 나는 임PD에게 피가로 케이크와 그 취지에 대해서 자세히 설명하였다. 그 분에게 우리사정을 잘 말씀드려서 도움을 받을 수 있도록 해 달라고 간곡히 부탁해 보라고 했다. 그는 급히 알아보겠다며 사무실을 떠났다.

몇 시간 후 기적이 일어났다. 그 분께서 아주 저렴한 가격으로 세 곡을 직접 녹음해 주시겠다는 것이었다. 그로부터 며칠 후, 경쾌한 세 곡의 축하송이 완성되었다. 하지만 분위기 있는 노래도 있어야 되지 않겠느냐는 의견이 나왔고, 추가로 네 곡을 더 녹음 할 수 있었다. 그래서 축복하는 노래 한 곡, 생일 축하 노래 두 곡, 즐겁고 경쾌한 노래 두 곡, 달콤한 러브 송 두 곡 등, 모두 일곱 곡의 노래가 완성되었다.

이제 축하 메시지를 넣을 성우를 구하는 문제가 남았다. 그러자 직원들 사이에서, 뭐 구태여 외부 성우나 아나운서를 쓸 필요가 있겠느냐며 회사 내부에서 해결해 보자는 의견을 제시했다. 하나대투증권 전 직원을 대상으로 희망자를 모집한 결과, 과거 입사 전에 아나운서 지망생이었던 반미옥 사원이 선발되었다. 몇 차례 테스트 녹음을 해 보니 정말 웬만한 아나운서보다 훨씬 더 훌륭했다. 그녀의 깔끔한 목소리로 외부 성우를 쓰지 않고도 양질의 멘트를 넣을 수가 있게 된 것이었다.

이렇게 축하 메시지를 작성하게 된 동기는, 음원 사용이 저작권료 문제로 난관에 부닥쳤을 때 음악을 빼 버리자는 이야기가 나왔기 때문이었다. 팀원 중 하나가 축하 음악 대신 욕을 집어넣으면 어떻겠느냐는 다소 엉뚱한 제안을 한 적이 있었다. 이른 바, '욕' 애플리케이션이었다. 욕 애플리케이션은 문장으로 된 다양한 욕을 재현해 주는 방식인데, 젊은 층에서 의외로 높은 반응을 기대할 수도 있다는 의견이었다. 예를들어, '이 XX놈아!' 같은 욕이었다.

그러나 나는 그것은 아니라고 생각했다. 축하 케이크를 보내면서 사랑의 메시지를 전하지는 못할망정 욕을 해 대다니… 그런 발상은 나의 신앙관과도 맞지 않았다.

결론적으로 아름다운 축하 메시지를 넣기로 하고 멘토스 방송국에서 녹음을 진행하기로 결정을 보았다. 그런데 막상 녹음을 끝마치고 보니 축하 노래가 없어 너무나도 밋밋한 느낌이 들었다. 그리하여 반드시 축하송을 넣어야 하겠다는 생각이 들었고 결과적으로는 음원문제까지도 해결을 보게 된 것이다.

피가로 케이크를 개발하는 과정에서 직원들의 작은 한마디 한마디가 너무나도 소중했다. 사회에 부정적인 영향을 줄 수 있다는 의견이 많아 비록 아이디어로 채택되지는 않았지만, 욕 애플리케이션 같은 소수 의견조차도 거침없이 나올 수 있는 우리 부서의 회의 풍토가 또한 자랑스러웠다. 나는 우리 팀 전체가 혼연일체가 되어 노력했기 때문에 새로운 역사가 창조 될 수 있었다고 생각한다. 스티브잡스가 팀을 독려해서 '우리가 이 우주에 흔적을 남기고 돌아간다.'는 메시지를 팀원 모두가 공유하도록 만들고, 그 결과 아이패드와 앱스토어를 탄생시킨 것과 무엇이 다른가? 그가 온갖 우여곡절을 겪으면서 아이폰을 출시했을 때 느꼈던 감정이나 내가 피가로 케이크를 개발하고 나서 느낀 감정이 별반 다르지 않았을 것이라 생각한다.

실제로 개발이 끝나고 최종 완성된 작품에서 축하 메시지와 음악을 듣게 되었을 때, 우리 모든 직원들은 기쁨의 눈물을 흘렸다.

피가로 케이크는 아이폰 앱 스토어나 안드로이드 마켓, 또는 T스토어로 들어가서 '피가로'나 '피가로케이크'로 검색을 해서 다운로드 받으면 된다. 외국에서 사용하고 싶을 경우에는 'cake'로 검색을 한 후 피가로 케이크를 다운 받을 수 있다.

다음은 피가로 케이크가 막 개발되고 난 직후에 국내 최대 민영뉴스 통신사인 '뉴시스'에서 보도한 〈하나대투증권, 앱·트위터로 투자자 유혹〉이라는 제목하의 뉴스 내용이다.

하나대투증권이 스마트폰 애플리케이션과 트위터로 투자자들을 유혹한다. 하나대투증권은 스마트폰으로 케이크를 만들어 보내는 무료 애플리케이션 '피가로 케이크' 앱을 26일 출시했다.

피가로 케이크 애플리케이션 이용자는 스마트폰을 통해 손수 케이크 디자인과 장식을 만들고 축하 노래와 음성 축하메시지를 덧붙일 수 있다. 이용자는 직접 만든 모바일 케이크를 스마트폰뿐만 아니라 이메일과 트위터 등 매체로 실시간 전송할 수 있다.

박인규 e-비즈니스부장은 "증권사가 고객들에게 좀 더 친근하고 따뜻한 이미지를 줄 수 있는 방법을 생각한 끝에 스마트폰을 통해 사랑의 메시지를 전달할 수 있는 케이크 앱을 만들었다"며 "향후에도 투자자들이 유용하게 사용할 수 있는 앱을 추가로 선보여 증권업계 모바일 마케팅 선두주자로서의 입지를 굳히겠다."고 말했다.

박대로 기자 =daero@newsis.com

02_ 두 번째 이야기

피가로 케이크 알리기

이런 우여곡절을 거듭하여 피가로 케이크가 완성되었으나 정작 중요한 문제는 이제부터였다. 그것을 어떻게 고객들에게 알려서 고객을 더 많이 끌어들이느냐 하는 마케팅의 본론적인 문제가 남아있는 것이었다.

우리는 케이크 회사가 아니다. 단지 하나대투증권과 고객들과의 접점을 갖게 하기 위한 수단으로 피가로 케이크를 만들었다. 그래도 무언가 아쉬운 점이 남았다. 폰으로도 사랑의 메시지를 보낼 수 있지만 실제로 케이크를 전달하면 어떨까? 그렇게 하여 시작한 것이 피가로 케이크 이벤트였다. 실물 케이크로 사랑을 전달하여 고객들이 우리 상품을 받아보게 한 최초의 서비스를 계획 한 것이다.

실제로 고객들에게 아이패드 10대, 주유권 300매, 케이크 교환권 500매의 프로모션을 실시하였다. 아이디어 회의를 통해 가장 고객들이 필요로

할 만한 상품들을 선정한 것이다.

결과는 대 성공이었다. 시장의 반응은 뜨거웠고, 피가로 케이크는 발매 일주일이 안 되어 전체 앱 스토어 6위까지 올라갔다. 앱 스토어(Application Store)가 무엇인가? 바로 우리들의 아이콘 스티브 잡스가 만든 아이디어 회사가 아닌가 말이다. 전 세계의 수십만 똑똑한 사람들이 그들의 아이디어를 상품으로 내 놓은 장터이다. 우리도 피가로 케이크를 여기에 상품으로 내 놓았다. 첫 날과 둘째 날에는 2만회씩의 다운로드를 기록하였다. 따라서 하나대투증권의 모바일 약정계좌도 급속도로 올라가기 시작했다.

이벤트 광고판

우리의 마케팅기법이 트위터 마케팅의 바람을 타면서 세인들의 주목을 받기 시작하자, 국내의 모든 언론사에서 뜨거운 취재열풍이 불었다. 그러자 여기저기서 우리의 성공기법을 전수해 달라는 강의 요청이 쇄도하는 게 아닌가.

나는 서울대, KAIST, 서강대, SBS, MBC, 등 강의 요청이 들어오는 곳은 입술이 터져가면서도 하나도 빼 놓지 않고 모두 나갔다. SBS에서는 사장님 이하 전 직원을 대상으로 하는 '스마트 환경 하에서 살아남는 법'이란 제목으로 강의를 하였고, MBC의 '손에 잡히는 경제'에도 출연하였다. 신한은행과 현대증권 등 금융기관에서 한 강의만도 수십회였다. 또 하나대투증권의 전 직원들을 대상으로도 강의하였다.

정말 돌이켜보면 2010년 한 해는 회사업무와 외부강의를 더불어 하느라 365일 중에 집에서 편안히 쉰 날이 거의 없었던 것 같다. 나와 우리 부원들의 이러한 피땀 어린 노력의 결과로 스마드하나의 다운로드수의 증가와 함께 하나대투증권의 모바일 약정은 증권업계 8위에서 4위로까지 뛰어올랐다.

03_ 세 번째 이야기

트위터를 실제 마케팅에 적용한 사례

어느 날 야근을 하려고 구내식당에서 식사를 하고 있는데 유용준 홍보실장님으로부터 전화가 왔다. 하나대투증권이 MSL(스타크래프트) 결승전을 후원하게 되었는데, 트위터로 마케팅을 해볼 수 있겠느냐는 문의 전화였다. 그러지 않아도 나는 실제로 트위터의 효과가 어느 정도인지 측정해 보고 싶었던 중이었다. 스타크래프트 결승전이야말로 트위터가 마케팅의 수단으로 얼마만큼의 효과가 있는지를 테스트해 볼 수 절호의 기회인 셈이었다. 그 즉시로 홍보실장께 '해 보겠노라.'고 말씀드렸다.

다음날 홍보실로부터 자세한 자료를 받고나서 보니 이건 대회도 보통 큰 대회가 아니었다. 대한민국에서 제법 게임을 좋아한다는 매니아들은 거의 다 참석하는 큰 대회로 전체 참석인원은 어림잡아 10,000명을 훨씬 능가한다는 것이었다.

나는 강한 의지를 갖고 부서원들을 독려했다. '트위터를 통해 과연 우리가 고객들에게 전해 줄 수 있는 것이 무엇일까?'라는 생각을 머리에 계속 담은 채로 연구에 연구를 거듭했다. 우리 팀원들과 장시간의 회의를 통하여 중계의 방법과 진행절차 등을 모색해 보았다.

일단 트위터 상으로 경기가 가장 잘 보이는 VIP석을 200명 선착순으로 접수 받았다. 또 청약자 전원을 대상으로 추첨을 하여 게임종료 후 63빌딩 스카이라운지에서 우승자와 식사를 하는 이벤트를 계획하고 이를 홍보하였다. 우승자와 같은 테이블에서 식사를 하게 될 행운을 거머쥐는 사람들은 모두 10명이었다. 계속해서 트위터 타임라인을 통하여 간접적인 홍보를 하였다.

의외로 트위터리안들의 반응은 폭발적이었다. 결승전은 2010년 5월 23일 고려대학교 화정체육관에서 하였는데 그날은 토요일이었다. 우리는 당일 날 우리 부서 전 직원들이 나와서 결승전 시작 전, 후, 그리고 중간 과정의 실황을 스마트폰으로 찍어 생중계를 하였다. 놀라웠던 사실은 난생 처음 보는 팬들이 트위터에서 추첨에 당첨되었다고 우리 부서에 작은 선물들을 사 오시는 것이었다.

충주에서 오신다는 분은 차가 늦어져서 30분 지각을 하신다고 트위터로 알려 왔으며, 꼭 좀 자기 자리를 챙겨달라는 부탁까지 하셨다. 그분은 경기를 다 관람하신 후 너무 고맙다며, 우리 회사 측에서 배려해 준 사실을 트위터를 통하여 적극적으로 홍보해 주셨다.

그날 우승은 이용호 선수가 하였는데, 며칠 후 여의도 63빌딩의 53층에 있는 '세턴'이라는 스카이라운지에서 우승축하 리셉션이 열렸다. 우리는 그 과정을 스마트폰으로 전국에 생중계 했다. 그러자 이번에는 많은 분들이 우리 부서로 양말 세트와 같은 작은 선물들을 사 오셨다. 트위터로 생중계 해 주어서 무척 고마웠다는 것이었다.

이용호 선수와 팬들과의 대화 장면을 지켜보면서, 또 팬들이 너무나도 기뻐서 어쩔 줄 몰라 하는 장면을 보면서, 과연 우리들이 고생한 보람이 있구나, 하는 감동을 맛볼 수 있었다. 난생 처음 해 보는 일이었지만 트위터로 어떤 실황을 생중계했다는 사실은 우리 하나대투증권의 e-비즈니스부가 마치 미지의 세계에 한 획을 그은 것과도 같은 가슴 뿌듯한 일이었다.

마지막에 팬들과 이용호 선수의 사진을 찍어서 트위터 상으로 날렸다. 그러자 많은 트위터리안들이 RT를 하여 적극적으로 호응해 주었다. 이용호 선수와 팬들과의 사진들과 짧은 이야기들, 그리고 하나대투증권의 MSL결승전 실황중계 사실로 트위터 타임라인은 그야말로 마비 바로 직전까지 갔다. 이 MSL 게임 결승전 실황 중계를 통해서 하나대투증권의 트위터 계정인 @SmartHana가 폭발적으로 알려지기 시작했다. 그 하루 이틀 사이에 팔로윙이 3,000명 이상이나 늘어났다. 나는 그때 트위터를 통한 마케팅이야말로 진정 살아 숨 쉬는 양방향 마케팅이라는 확신을 갖게 되었다.

2010년 10월에는 인천의 영종도 스카이 72 골프코스에서 미쉘 위를 포함한 세계적인 스타들이 참가하는 '미국 LPGA 하나은행 챔피언 쉽' 대회를 트위터로 중계해 달라는 요청을 받았다. 이 대회는 미쉘 위, 크리스티 커, 폴라 크리머, 신지애, 최나연 등, 세계적인 선수들이 참가하는, 국내에서 개최되는 명실상부한 미국 LPGA 대회였다.

주최 측인 하나금융 지주에서는 이번 대회를 위해서 Ping 모자 300개와 VIP 관람석 20석을 우리에게 배정해 주었다. 후원사인 기아자동차 측에서도 소울 등의 차량을 상품으로 주겠다고 해서 열기는 어느 때보다도 더욱 뜨거웠다.

우리 하나대투증권의 e-business 부는 이번에도 부원들 전체가 혼연일체가 되어서 이 골프대회를 트위터로 중계하는데 혼신의 노력을 기울였다. 경기가 끝나자 여기저기서 감사하다는 의견과 아울러 Ping 모자를 자기도 받을 수 없겠느냐는 요청 메시지가 떴다. 비록 한정된 수량으로 인하여 그 분들의 요청을 다 들어주지는 못했지만, 어찌 되었든 세계적인 골프대회를 트위터로 생중계 할 수 있었다는 사실은 우리들에게 다시 한 번 트위터가 스포츠 이벤트에 있어서도 훌륭한 마케팅 도구가 될 수 있음을 확인시켜주는 계기가 되었다.

04_ 네 번째 이야기

드디어 100만 대군의 신화를 만들다.

2010년 11월 15일은 전 신문의 경제면에 나와 우리부서에 대한 기사가 도배를 하다시피 했다. 그 전날은 우리 하나대투증권의 e-비즈니스부가 확보한 트위터 팔로워의 숫자가 100만 명을 넘은 날이었다. 지상파 방송국은 물론 조선일보, 매일경제, 한국경제등, 신문사들도 우리 하나대투증권의 트위터 팔로워 수 100만 명 돌파 대기록을 취재하는 열기로 뜨거웠다. 여기 그 중 대표적인 기사를 원문 그대로 실어 본다.

> "트위터는 반드시 하라고 부서직원들에게 강조합니다. 나중에 족발집을 차리더라도 꼭 필요하다고 말이죠." 박인규 하나대투증권 e-비지니스 부장은 요즘 회사내에서 '트위터 전도사'로 통한다. 트

위터가 사람과 사람 간의 이야기 통로가 되어주고, 또 그것이 하나로 뭉쳤을 때 어느 매체보다도 효과적인 홍보 수단이 될 수 있다는 것을 실감했기 때문이다.

"강남에서 지점장을 할 때 전단지 영업을 해봤는데 별 반응이 없었어요. 그런데 트위터는 바로바로 반응이 옵니다. 또 증권사가 실적이 안좋을 때는 아무 것도 못하는데 트위터 마케팅은 비용 없이도 얼마든지 홍보할 수 있는 게 장점이죠."

박 부장이 불철주야 트위터 삼매경에 빠지고 입소문을 낸 결과 하나대투증권 e-비즈니스부 50여명은 최근 난일/기업 난일 부서로는 최소로 트위터 팔로워 100만명 시대를 열었다. 현재 국내 트위터 인구가 190만 명임을 감안하면 두 명 가운데 한 명 꼴로 하나대투증권의 팔로워인 셈이다. 그는 "내년에 국내 트위터 사용인구가 1,000만 명이 되면 500만명은 우리 트위터를 팔로잉하게 될 것"이라고 말했다. 박 부장은 또 스마트폰을 이용해 사용자가 손수 가상 케이크를 디자인해 선물할 수 있는 '피가로 케이크'라는 어플도 직접 만들어냈다. 피가로 케이크에서는 직접 모바일 트레이딩시스템을 다운 받을 수 있도록 돼 있다. 그 결과, 하나대투증권의 모바일 트레이딩 약정은 최근 한 달 만에 두 배로 증가, 업계 7위에서 5위로 뛰었다.

"와이프와 아이들이 공부 때문에 캐나다에 있습니다. 생일을 못 챙겨 가슴이 아프던 차에 이걸 만들게 됐어요. 앞으로는 예약발송과 알림기능 등을 넣어서 유료 판매할 계획도 갖고 있습니다."

그의 트위터, 모바일에서의 역량 발휘는 17년 간 현장에서 직접 고객을 상대한 경험이 있었기에 가능했다. 그가 트위터를 하고 새로운 어플을 만들때 고객의 입장에서 진정 필요로 하는 것이 무엇인지 먼저 생각한 것이 성공의 열쇠가 된 것이다.

그는 요새 누구보다도 바쁜 나날을 보내고 있다. 최근 모바일 관련으로 서울대 공대에서 강의했고 카이스트와 서강대 대학원에도 강의 일정이 잡혀 있다. '여의도의 스티브잡스'라는 제목의 책도 쓰고 있다. 트위터 팔로워 100만명 달성과 피가로케이크의 제작 뒷얘기 등이 담겼다고 한다. 수익금은 다문화가정 장학금으로 낼 생각이란다. 40대 중반 적지 않은 나이에 불과 2년전 e-비즈니스 업무를 맡게 되면서 시작된 박 부장의 트위터, 모바일 공략의 비결은 끊임 없는 관심과 노력이다. "이 분야에 왕도는 없습니다. 일단 관련된 최신간 서적과 신문을 함께 읽고 페이스북과 트위터를 직접 하면서 스스로 느껴야 합니다."

/jjwchoi@heraldm.com

"대한민국 트위터 역사상 가장 많은 팔로워(Follower) 수 확보", 이는 하나대투증권 e-Business부를 지칭하는 또 다른 이름이 되었다. 증권업계는 물론이고, 타 업종의 마케팅 관계자들은 하나대투증권의 팔로워 숫자에 혀를 내두른다. 팔로워라 함은, 트위터 상에서 "내 글을 따르는 사람들"을 지칭한다. 즉, 나의 팔로워가 되면 내가 쓴 글이 나의 팔로워들에게 노출된다. 내가 글을 쓰게 됨과 동시에 그 글이 나의 모든 팔로워들에게 전달 되는 것이다. 또한 나의 팔로워 중에서 해낭 글이 재미가 있거나 유용하다고 생각하면, RT(ReTweet)기능을 통해서 해당 글을 추천할 수 있다. 그러면 추천한 사람의 팔로워들에게 또 다시 뿌려진다. 그야말로 신 개념 피라미드형 커뮤니케이션이라고 할 수 있다.

트위터에서 다단계 식으로 메시지가 퍼지는 경로

하나대투증권 e-Business부가 확보한 트위터 수는 100만명이다. 이는 단일 부서로는 국내 최대규모라고 할 수 있다. 하나대투증권 e-Business부 박인규 부장은 국내외 SNS관련 서적을 닥치는 대로 모두 읽고, 일찍이 "트위터 마케팅"에 눈을 떴다. 교과서나 사례, 발표된 논문이 전혀 없는 상황에서 그야말로 몸으로 부딪쳐 보는 수 밖에 없었다. 박부장은 대 고객커뮤니케이션을 강화하고 기존의 고비용 광고를 대체, 보완할 마케팅 수단이 트위터라고 믿고, 전 부서원들의 트위터 활동을 지시했다. 트위터 100만명을 확보하기 위한 치열한 혈투였다. 부장부터 인턴직원까지 근무시간 외에도 새벽까지 트위터를 했고, 때로는 언성을 높이기도 하였다.

처음에는 반대도 많았다. 트위터 자체에 대한 의구심, 노력대비 마케팅 수단으로서의 효용성 문제가 대두되었다. 의구심과 비난의 목소리가 계속 되었지만, '선점 원리'를 외치며 뚝심으로 밀어붙였다. 국내 트위터 이용자수가 190만을 돌파하고 트위터에 대한 열기가 뜨거워짐에 따라, 박부장의 노력이 빛을 발하기 시작했다. 고객들의 뜨거운 호응과 더불어 마케팅 효과가 수면위로 떠오르자, 타 기업들과 언론사들이 하나대투증권의 트위터 상에서 벌이는 이벤트와 프로모션 활동에 주목하기 시작한 것이다.

국내 트위터 이용고객들의 수(190만)와 하나대투증권 e-Business 부서원들이 보유한 트위터 숫자(100만명)를 고려할 때, 이론적으로 하나대투증권은 한국 트위터 시장의 52.9%의 시장을 점유한 셈이다. 트위터의 RT기능이 정보의 다단계식 전파를 가능하게 해준다는 점을 감안해보면, 하나대투증권에서 독하게(?) 마음 먹고 메시지를 띄우면 국내 트위터 사용자의 대부분에게 메시지 전달이 가능하다. 실례로, 하나대투증권이 트위터 상에서 벌인 "피가로 이벤트"에서는 타임라인을 마비시킬 정도의 호응을 얻어 낸 바 있다.

경쟁우위가 비단 숫자적인 것에만 있는 것은 아니다. 하나대투증권은 투자 컨설팅 서비스 '멘토스'와 Mobile주식 거래 시스템인 'SmartHana'를 알리기 위해, 트위터 상의 당(포탈의 Cafe나 클럽에 해당)을 만들어 종목상담등 활발한 활동을 하고 있다. 멘토스당 담당 직원들은 퇴근 후 새벽 시간에도 무료로 종목 상담을 해주는 열정을 보여주었으며, 해외에 나가서 까지 팔로워 관리를 하느라 전화비만 150만원이 넘게 나오기도 하였다고 한다.

특히, 멘토스당은 트위터상에서 전문가들의 무료 종목상담과 무료 차트(220년 기간의 초대형 브로마이드 차트) 배송덕분에 큰 주목을 받고 있으며, 최단 시간만에 주식 관련 회원수 1,000명을 돌파하며 3위에 오르는 인기를 보이고 있다. 21명의 멘토스 매니저와 연구원들이 트위터를 통해 전문적인 상담을 하고 있는 유일한 당이기에, 회원들의 관심 또한 뜨겁다.

이처럼 트위터에서 하나대투증권의 다양한 활동덕분에 고객들과 직원, 회사와의 커뮤니케이션이 증가하고 친밀감이 형성 되었고, 빠르고 효율적인 커뮤니케이션으로 고객 만족도가 높아졌다.

이러한 노력들의 산실로서, 하나대투증권의 Mobile MS점유율이 5위권대로 뛰었다. 대표 애플리케이션인 SmartHana와 피가로케이크의 다운로드수가 지속적으로 증가하여, 하나대투증권의 오랜 목표였던 BIG 5진입을 위한 첫걸음이 Mobile쪽에서 먼저 이루어진 것이다. 하나대투증권의 지난 일년간의 대장정은, 트위터를 단지 커뮤니케이션 수단으로 이용하는 수준을 뛰어넘어 강력한 마케팅 도구로 활용한 사례로서, 앞으로의 귀추가 주목된다.

05_ 다섯 번째 이야기

피가로 케이크 100배 즐기기

2010년 5월, 조기 컨셉을 잡는 데서부터 난항에 부딪쳤다. 원래는 하나대투증권의 온라인 화면에 나오는 피가로 선생님의 모습을 그냥 넣으려고 했는데 그것이 잘 어울리지 않는다는 의견이 나왔던 것이다. 음악가의 모습과 케이크를 만드는 셰프의 모습과는 어울리지가 않는다는 의견이었다. 그러자 다른 직원 하나가 완전히 흰색의 요리사 복장으로 하자는 의견을 내 놓았다.

둘 다 문제점이 있었지만 둘 다 포기하기 어려운 점도 있었다. 원안(음악가)으로 가자니 빵과 연결이 안되는 문제가 있었고, 2안(요리사)으로 가자니 기존의 '피가로'라는 자사 브랜드와 상충되는 문제가 발생했다.

오랜 난상 토론 끝에 마침내 1안과 2안을 합친 절충안으로 나온 모습이 다음 페이지의 그림이다. 피가로라는 음악가의 명성에 걸맞게 음악가

의 복장과 제스처를 한 위에 요리사를 상징하는 모자를 쓴 모습을 추가한 것이다.

　무려 4개월간의 제작과정을 거쳐서 마침내 피가로 케이크가 서서히 그 모습을 드러내기 시작했다. 이 제작과정에는 나의 '기러기 아빠'로서의 체험이 많은 도움이 되었다. 실제로 가족과 떨어져 있는 사람이 어떤 모양의 케이크를 또 어떤 내용의 메시지를 받기 원하는지를 내가 직접 몸으로 뼈저리게 느꼈기 때문이다.

　두 번째 화면에서는, 물론 직접 만들 수도 있지만, 내가 과거에 만든 케이크를 다시 볼 수도 있고, 내가 과거에 선물 받은 케이크를 다시 볼 수도 있다.

세 번째 화면에서는 원하는 케이크 모양을 직접 선택할 수 있다. 생크림 케이크, 초콜릿 케이크, 아이스크림 케이크, 치즈 케이크, 녹차 케이크 등, 다양한 케이크를 선택할 수 있으며 그 모양도 하트, 다이아몬드 등, 여러 가지 모양에 생생하면서도 갓 만들어 낸듯한 모양의 케이크를 만들 수 있도록 배려했다.

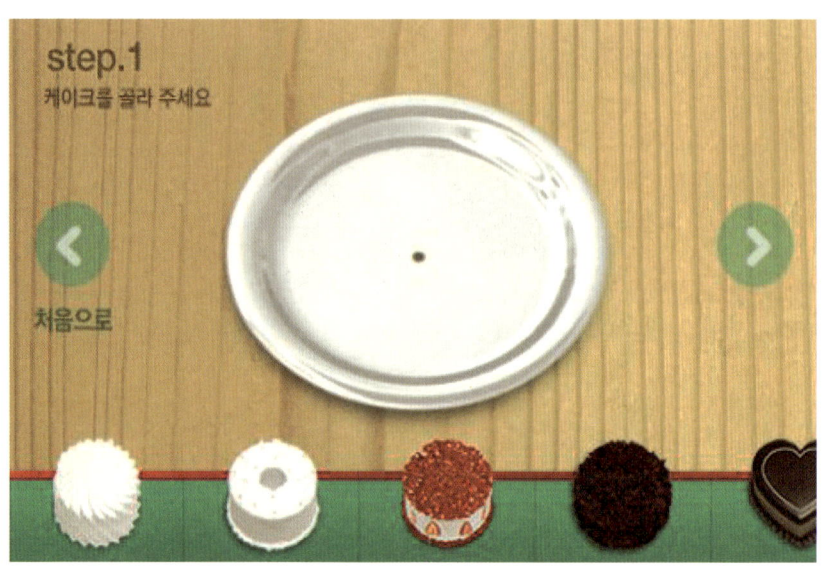

 그 다음 화면에서는 토핑을 사용자가 선정할 수 있도록 만들었다. 케이크를 더 아름답게 꾸밀 수 있는 화면으로 초콜릿, 딸기, 오렌지, 블루베리, 사과, 키위 등, 15가지 모양의 다양한 데코레이션 선택이 가능하다.

 사랑하는 애인에게, 딸에게, 아내에게, 혹은 남편에게, 이런 케이크를 만들어 보낼 수 있다는 사실은 분명 즐거운 일이다. 비록 스마트 환경 하에서 이루어지는 가상현실이기는 하지만, 케이크를 받으면서 즐거워 할 아들의 모습을 떠 올리면서, 또는 병영에서 전우들과 함께 기뻐할 애인의 모습을 떠 올리면서 가슴 두근거리지 않을 사람이 과연 몇 명이나 될까?

　다음에는 초를 선택하는 단계가 있다. 초는 긴 초와 짧은 초가 있으며, 원하는 숫자만큼의 초를 케이크에 넣을 수 있다. 축하를 해주고 싶은 사람의 나이만큼의 초를 선택하면 된다. +는 초를 추가하는 것이고, -는 초를 빼는 것이다. 예를 들어 45세일 경우는 긴 초 4개, 짧은 초 5개를 선택해서 넣으면 되는 것이다. 내 목소리를 녹음하거나 원하는 음악을 넣을 수도 있다. 내 목소리 녹음기능을 누르고 녹음 시작버튼을 누른 후, 녹음을 한다. 녹음이 끝난 후 '미리 듣기'기능을 통해서 사랑의 메시지를 확인 할 수 있다. 이 기능을 넣었던 가장 큰 이유는 영어, 중국어, 불어 등 다양한 외국어로 사랑의 메시지를 전할 수 있도록 글로벌 시장을 염두에 두었기 때문이다.

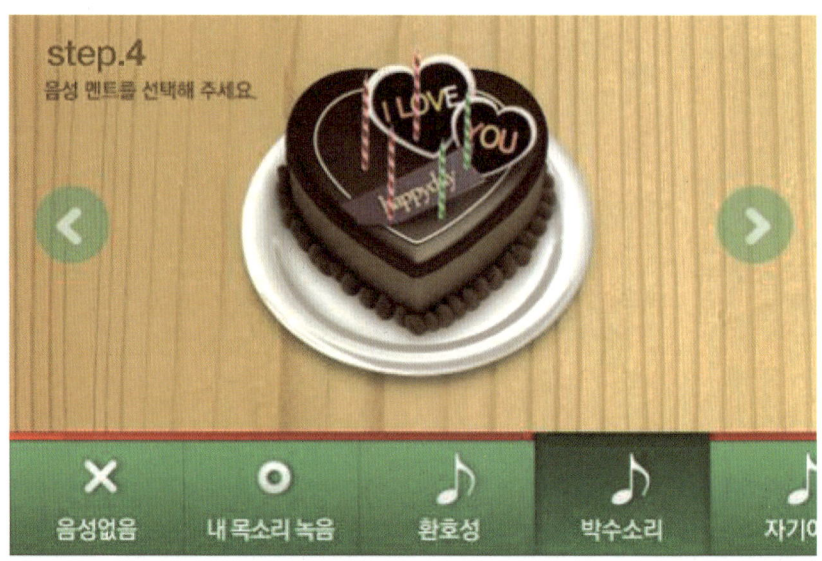

　특히, 첫 번째 곡의 축하송 Congratulations는 영어로 녹음되어 있는데, 그 이유 또한 전 세계 시장을 겨냥한 포부가 깔려있다.
　목소리 대신 축하송을 넣을 수도 있고, 이미 녹음된 성우들의 축하 메시지를 넣을 수도 있다. 환영송, 자기야, 어머님께, 아버님께, 고객님께 등, 다양한 축하메시지를 응용해서 넣을 수 있다. 원하는 음악이나 목소리를 선택한 후 오른쪽 화살표를 누르게 되면 목소리나 음악이 자동 저장되어, 나중에 상대방이 PLAY할 시에 자동으로 사랑의 메시지나 음악을 들을 수 있게 된다.

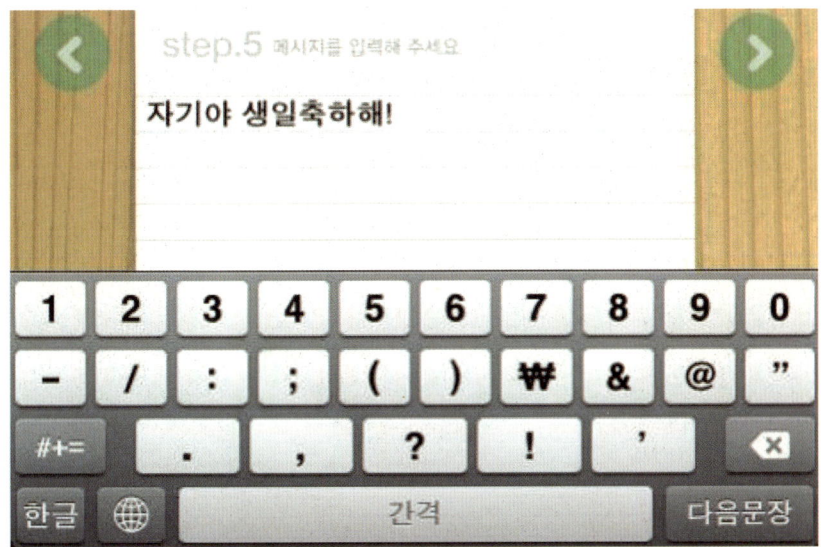

　메시지를 보내고 싶으면 화면을 터치하여 자판을 불러오고, 한글 또는 영문으로 사랑의 메시지를 타이핑하면 된다.

　완성된 케이크의 전체적인 모양을 확인하고 '완성하기'버튼을 누른다. 마음에 들지 않을 경우에는 '다시 만들기'를 통해서 수정할 수 있다.

　완성된 케이크를 터치하거나, '초를 터치해 주세요.' 버튼을 클릭하게 되면 초에 불이 붙는다. 불이 붙어 있는 초를 입으로 후~ 불면 촛불이 꺼진다. 아이폰의 경우, 폰에다 대고 바람을 불면 횡~~ 소리가 나며 초가 꺼지게끔 설계하였다.

　사람들은 이 기능을 보고 굉장히 신기해한다.

"박 부장님, 저한테 마술 부렸나요?"

"무슨 속임수 쓰신 것 아니십니까?"

    이런 질문을 많이 받았으나 이는 아이폰에 있는 음성감지기능을 활용하여 개발한 기술일 뿐이다. 단, 주의사항은 몸이 먼저 다가 갈 경우 입으로 불기도 전에 센서가 이를 감지하여 먼저 꺼져버리는 경우가 있는데, 이럴 때는 다시 전 화면으로 돌아가 실행하면 된다. 삼성 갤럭시의 경우는 스마트 폰을 위 아래로 흔들어 주면 초가 꺼진다.

    이 기능은 멀리 있는 연인이나 친구에게 보여줄 때도 유용하지만, 바로 옆에 있는 사람에게도 보여줄 수 있는 재미요소를 생각해서 만든 것이다.

실행하는 순간에 음악이나 녹음했던 목소리가 흘러나오면서 메시지가 나온다. 내가 멀리 떨어져있는 아내와 아이들에게 음악이나 메시지를 전 달하고 싶었던 꿈이 실현된 화면이다.

완성된 케이크와 사랑의 메시지 및 음악은 세계 최초로 아이폰과 갤럭시 폰에서 교차로 전달 될 수 있게끔 만들었다. 피가로 케이크는 전 세계 어느 곳도 24시간 배달이 가능하다.

자 이제는 완성된 케이크를 보내며 사랑을 전하기만 하면 된다.

06_ 여섯 번째 이야기

멘토스 방송국 이야기

나는 2년 전에 회사로부터 멘토스 방송국을 만들라는 임무를 부여받았다.

나는 이 방송국의 개국을 위해서 4개월 동안 온 힘과 정열을 쏟아 부었으며, 그 결과 2008년 12월 22일 개국하여 이제 2년을 지나 3년째를 맞이 한다.

멘토스 방송국은 하나대투증권의 투자자문 서비스로써 오전 8시 30분부터 3시까지 온라인 증권방송을 한다. 방송을 통해서 투자자들에게 주식 정보와 분석 자료를 제공하여 주는 것은 기본이고, SMS를 통해 포트폴리오 구성을 도와주고 매매종목 추천 및 매수/매도 타이밍을 실시간으로 알려준다.

멘토스 방송국은 첫해에만 23억 원의 수익을 냈고, 2년차인 2010년도에도 아직 결산은 끝내지 않았지만, 많은 수익이 예상되고 있다. 특히 2010년도에는 동아일보, 한국경제, iMBC가 주관하는 '2010 대한민국 대표 브랜드 대상'에서 온라인 투자자문서비스 부문 대상을 수상하였다. 멘토스 방송국은 명실 공히 대한민국 온라인 증권방송의 최고 브랜드로서 확실한 자리 매김을 한 것이다. 멘토스 방송국에 더 많은 발전이 있기를 기원하며 방송팀원들 모두에게 영광을 돌린다.

멘토스는 주식 7, 펀드 1, 세무 1, 부동산 1로 구성되며 종합적인 자산관리가 가능한 서비스이다. 멘토스에는 하나대투증권 5개 지역본부의 주식 투자전문가 20여명이 상주하고 있으며 살아있는 종목을 추천을 하고 있다. 사업을 확대하기 위해서 최근 네이버와 제휴를 하였고, '에듀케이션 멘토스'라는 의미의 eMentors를 만들었다.

eMentors에는 하나금융그룹의 다양하고 풍부한 컨텐츠가 있는데, 하나금융연구소의 경제 포럼, 하나금융지주의 투자 멘토가 대표적이다. 그 밖에 '아름다운 세상'도 있다.

시청자들은 투자 멘토에서 주식 입문 가이드, 실전 투자전략 자문을 받을 수 있으며 그 외에도 하나대투증권의 리서치센터에서 작성하는 데일리 리서치와 같은 각종 자료를 실시간으로 볼 수 있다.

지식 멘토에서는 하나금융연구소와 하나대투증권 리서치 센터의 각종 보고서들 외에도 좋은 책을 추천하는 북 포럼이 있다.

북 포럼의 독서토론회에서는 참가자들에 ≪트위터 140자의 매직≫, ≪앱티즌≫처럼 트위터와 소셜 네트워크에 관한 책을 조를 짜서 강독하도록 하고있다. 또 북 포럼 회원들을 대상으로 특별 연수를 진행하면서 장차 스마트폰이 가져올 놀라운 세상과 트위터 마케팅의 중요성을 인식시켰다.

 북 포럼의 활동은 거기서 그치지 않는다. 무릇 금융이나 경제 분야의 리더를 꿈꾸는 사람들은 성공이나 출세에만 눈이 멀어서는 안 된다는 취지로 다양한 교양서나 인문, 철학서도 소개하였는데, 그 중에는 ≪다시 새롭게 지선아 사랑해≫, ≪지성에서 영성으로≫, ≪죽음 이후의 삶≫처럼 인간 냄새가 물씬 나는 책들도 많이 있다.

 '아름다운 세상'에는 문화 세상과 나눔 세상이 있다. 문화 세상에는 하나 클래식, 다문화 가정 봉사 활동 등이 있는데, 하나대투증권의 김지완 사장님은 한강걷기 운동을 하고 나서 2천만 원을 고아원에 기부하기도 하였다.

 멘토스 방송은 아래 주소로 들어가면 회원가입 없이도 누구나 방송을 보고 들을 수 있다.

http://mentors.hanaw.com

07_ 일곱 번째 이야기

신당동 과일가게집 아들에서 증권사 부장으로, 그리고 더 큰 도약을 위해

나에게도 어려웠던 시절이 있었다. 아버지는 9남매의 장손이었고, 어머니는 11남매의 장녀였다. 1970년대 초 우리 가족은 충남 서천에서 아무것도 가진 것 없이 서울에 올라왔다. 내가 세 살 때의 일이라고 한다. 나는 신당동 달동네의 판자촌에서 살면서 학창시절을 보냈다.

그때 어느 날이었던가. 아마도 여름철 저녁시간이었을 것이다. 살림이 여의치 않아 그날도 수제비를 해서 저녁을 먹었던 것으로 기억되는데 그때 아버지께서 하신 말씀이 지금도 또렷이 기억된다. 아버지는 숟가락 5개를 밥상 위에 놓으시면서 이렇게 말씀하셨다.

"우리도 열심히 일해서 잘 살아 보자."

지금에 와서 생각해 보면 당시 우리집은 정말 너무 가난했다. 밥상 위에 숟가락과 젓가락을 빼면 올려놓을 수 있는것은 김치 뿐이었다. 아버지는 그런 환경 속에서도 자식들에게 열심히 공부하고 일 할것을 주문하셨고, 우리도 잘 살 수 있다는 희망의 끈을 놓지 않으셨던 것이다.

요즘도 힘든 일이 생길 때마다 아버지의 그 말씀을 떠 올리면 용기가 샘솟듯 솟아나곤 한다.

내가 어렸을 때 아버지는 신당동에서 과일가게를 하고 계셨다. 나는 학교를 마치면 습관적으로 아버지의 과일가게 일을 돕곤 하였다. 여름철에는 주로 수박을 팔았는데 아버지는 비가 오면 그 많은 수박을 가게 안에 도로 다 들여 놓으셨고, 다시 날이 개이면 혼자서 그 많은 수박을 또 다시 내 놓으셨다. 아버지는 언제나 손님이 오실 때 마다 낑깡이나 방울토마토를 끼워서 파셨다.

나는 우리 집이 수박장사를 한다는 사실이 처음에는 너무나도 부끄러워서 친구들에게도 알리지 않았다. 어쩌다 친구들과 가게 앞을 지나야 할 일이 있을 때면 일부러 가게 뒷골목으로 해서 멀리 돌아서 다녔다.

하지만 언제부터인가 고생하시는 아버지의 모습을 보고, '아버지께서 우리들을 위해서 이렇게 고생하시는구나.'라는 생각을 하게 되었다. 한 손님이라도 놓치지 않기 위해서 방울토마토를 끼워서 덤으로 파시는 아버지의 모습을 보면서 많은 걸 깨달았다.

아버지의 그런 행동은 '한 번 온 손님은 절대로 놓치지 않겠다.'는 의지의 표현이었다. 나는 훗날 증권사에 입사하여 증권 영업을 하면서 마음속으로 늘 이렇게 다짐하였다.

"한 번 만난 고객은 절대로 놓치지 않는다."

"고객의 돈은 어머니, 아버지의 피눈물이다."

아버지의 상술과 열심을 옆에서 직접 목격한 나는 정말 열심히 했다. 그렇게 하여 하나대투증권에서 전체 영업 1등, 최연소 도곡지점장과 청담지점장 등의 요직을 거쳐서 2년 전, 단일 부서로는 규모가 가장 큰 부서인 e-비즈니스부의 부장으로 발탁되기에 이른 것이다.

남대문지점에서 법인영업을 담당하던 2002년의 일이었다. 지금도 큰 차이는 없지만 당시만 해도 거의 모든 금융기관들이 지역본부에서 관장하는 10여개의 지점 중 연말평가에서 최하위를 한 지점의 지점장은 옷을 벗게 하는 관행이 있었다. 이런 관행은 비단 우리 회사뿐만 아니라 거의 모든 금융기관에 공통으로 적용되는 일종의 암묵적인 '룰'이었다. 당시 남대문지점은 실적이 전국 지점중에서 거의 최하위였다.

낙엽이 떨어지던 10월의 어느 날이라고 기억된다. 아침에 사무실에 출근을 하자마자 지점장님께서 서무차장과 나를 부르더니 이런 지시를 내리는 것이었다.

"박 과장, 오늘부터 다른 일 다 제쳐놓고라도 큰 자금을 끌어오는 일에만 매달려 봐. 출근은 하지 않아도 상관없어."

그러더니 서무차장한테는 영업에 불편함이 없도록 법인카드나 기타 영업비를 최대한 지원해 주라는 것이었다. 나는 걱정이 이만 저만이 아니었다. 그동안 지점의 실적이 좋지 않아 나름대로 열심히 뛰었는데 거기다가 갑자기 '큰 자금'이라니… 최소한 100억 원은 넘어야 할텐데… 다른 회사들도 다 연말 평가 때문에 자금유치에 혈안이 되어 있을 텐데… 이런저런 생각들이 꼬리에 꼬리를 물고 일어났다.

그래도 이렇게 지점이 어려울 때 내가 뭔가 큰 기여를 해야 되겠다는 각오로 나는 그동안 지점에서 관리했던 법인들을 다시 점검하기 시작했다. 100여개의 법인 중에서 물고 늘어지면 가능성이 어느 정도 있을 것 같은 후보군으로 10개 법인을 선정했다. 하지만 단기에 큰 자금을 유치하기 위해서는 여유자금이 가장 많은 법인을 선정해야만 했다. 그래서 제일 타겟으로 선정한 곳이 분당에 있는 S법인이었다. 우리 남대문지점과 거리는 멀지만 멀고 가깝고를 따질 여유가 없었다. 하지만 정작 큰 문제는 S법인은 예전에 거래를 했다가 수년 동안 거래가 중단된 법인으로 지금에 와서 다시 거래가 성사될 가능성은 거의 제로에 가깝다는 사실이었다.

그래도 나는 매일 아침 지점을 들러 지점에 인사만 하고 분당으로 향했다. 9시경에 그곳을 첫 방문지로 하여 그날 하루의 일과를 시작하는 것이었다. 방문 첫날 자금담당자에게 인사를 하자 담당자는 의아해하는 눈치였다. 그도 그럴 것이, 거의 몇 년간을 거래가 끊어졌던 곳이 아닌가. 나는 최대한 공손하게 인사를 했다.

"지나가다 잠시 들렀습니다."

그날은 그렇게 간단한 인사만 하고 헤어졌다. 둘째 날도 똑 같은 시간에 들러 또 인사를 했다. 담당자는 난감해하며 바빠 죽겠는데 자꾸 들른다고 짜증을 냈다. 셋째날도 또 그 시간에 다시 찾아갔다. 국내에서 제일 큰 기업이고 출근 시간이 대한민국에서 제일 빠른 시간으로 유명한 그룹이었다.

일주일이 지나자 담당자와 그럭저럭 친하여졌다. 맨 처음에는 인사도 잘 받아주지 않더니 나중에는 스스럼없이 간단한 대화 정도는 나눌 수 있는 사이가 되었다. 나는 그래도 되도록 큰 부담을 주지 않고 그냥 인사치레의 이야기만 했다. 늘 이런 식이었다.

"아, 오늘은 수원에 가는 길에 잠시 들렀습니다."

그렇게 2주 정도를 끈질기게 찾아가자 어느 날은 자금담당자의 맨 뒷자리에 앉아있던 자금부장이 담당자를 보며 나에게 들으란 듯이 큰 소리를 쳐 댔다.

"저 사람 누구야? 저 사람 제발 좀 그만오라고 해."

그러자 담당자가 나를 복도로 불러내더니 내게 대체 왜 이렇게 자꾸 찾아오느냐고 묻는 것이었다. 그때서야 나는 사실대로 털어 놓았다.

"김 대리님, 우리에게 300억 원만 넣어주세요. 그렇지 않으면 저와 우리 지점장님은 지방으로 발령 납니다."

내 말에 그는 무척 황당해 하면서 좀 생각할 시간을 달라는 것이었다. 그 다음날 다시 찾아갔다. 그러자 그 사람은 자기의 애로사항을 오히려 내게 털어 놓는 것이었다.

"박 과장님, 사실은 우리도 평가를 받는 항목이 여러 가지가 있는데 지금 주식매매점수가 제일 낮아요. 우리 주식 좀 사 주실 수 없나요?"

그쪽도 우리처럼 누군가의 도움이 절실히 필요한 아킬레스건이 있었던 것이었다. 나는 본사로 들어와서 이곳저곳에 부탁을 했다. 마침내 하나대투증권의 자산운용사에서 펀드로 그 문제를 해결해주기로 하였다. 결국은 서로 돕고 돕는 윈-윈 게임을 성사시킨 것이었다. 나는 S법인의 부탁을 들어 주었고 그쪽에서도 나의 부탁을 들어 준 셈이었다. 한마디로 기적이었다.

그러자 S법인은 그날로 300억 원을 우리 구좌로 넣어주었다. 자금을 예치하고 돌아오던 나는 기분이 날아갈듯이 기뻤다. 300억 원 건을 마무리 짓고 남대문지점으로 돌아오고 있는데 압구정동을 막 지나던 참에 S법인으로부터 다시 전화가 왔다. 자기네들이 200억 원 정도 여유자금이 더 있는데 그것마저도 가져가도 된다는 것이었다. 나는 2주 동안에 단 한 건의 계약 성사로 500억 원을 유치했다. 그 후로도 나는 몇 건의 큰 자금 유치를 추가로 성사시켰고, 결국 우리 남대문지점은 연말 평가에서 전국1등 지점이 되었던 것이다.

분당의 S법인을 끈질기게 물고 늘어지면서 나는 처칠 영국 수상이 옥스퍼드 대학교 졸업식에서 했다는 유명한 연설을 머릿속에 떠올렸다.

"포기하지 마라. 절대로, 절대로 포기하지 마라."

나는 지금도 나약한 이야기를 하거나 부정적인 마인드를 갖고 있는 후배들에게 이런 질문을 한다.

"목숨 걸고 해봤어?"

생전에 정주영 회장님이 즐겨 쓰시던 말이다. 정말 처칠 수상이나 정주영 회장의 말씀대로 우리들이 목숨 걸고 일에 매달리면 못할 일, 안 될 일이란 없다. 문제는 우리들이 지레 겁먹고 도전하지 않거나, 끈기가 없어서 중도에 포기하는데에 있는 것이다.

'트위터 100만대군의 신화'가 여러 언론매체에서 보도된 이후, 나에게 또 하나의 좋은 소식이 들려왔다. 2010년 10월 중순 어느 날, 우리 금융그룹의 고위 임원 한 분이 내게 이런 말씀을 해 주시는 것이었다.

"박 부장, 축하하네. 자네가 하나금융지주의 스마트 웨이브 태스크 포스

팀으로 간다는군. 박 부장이 총괄 팀장이 될 거래."

평소에 친분관계가 두텁던 그분은 금융그룹 경영전략 회의가 끝나자마자 기쁨에 겨워 그 소식을 제일 먼저 나에게 알려주신 것이었다. 물론 나는 금시초문이었다.

"그게 무슨 말씀입니까?"

내용을 자세히 들어보니, 김승유 회장님께서 하나금융그룹의 미래 청사진을 그리면서 4개의 주제를 선정하였다는 것이다. 그중 하나가 금융그룹 내 애플리케이션 연구소를 만들어서 전 국민적인 앱 경진대회를 열고 그런 열기를 통하여 한국의 스티브 잡스를 발굴해 내겠다는 계획이었다. 그 적임자로 트위터 100만 대군의 신화를 이룩한 나를 지목했다는 것이었다.

그로부터 20여일 후, 그러니까 2010년 11월 8일에 나는 하나금융그룹 지주회사의 태스크 포스팀 팀장으로 발령이 났다.

08_ 여덟 번째 이야기

나의 꿈과 비전

첫 번째 꿈과 비전_ 국내 최고의 금융 디지털 허브를 만드는 것

나의 첫 번째 꿈과 비전은 우리 하나금융그룹을 국내에서 가장 강력한 디지털 허브로 무장시키는 것이다. 이를 위해 하나금융지주의 2만 직원과 1,500만 고객이 더 가까워 질 수 있는 툴을 개발할 계획이다. 지금보다 훨씬 더 편리한 스마트 환경 하에서의 도구 말이다. 또 지금 내가 태스크 포스팀의 팀장으로서 추진하고 있는 'Smart Wave TFT'를 빠른 시일 내에 가동시켜 정말 세계 어느 곳과도 당당히 경쟁할 수 있는 금융디지털에 강한 연구센터로 탄생시킬 작정이다.

최근에 보도된 신문의 내용을 살펴보자. 한국경제신문의 이호기 기자가 보도한 이 기사의 제목은 ≪하나금융 모바일 서비스 통합≫이다.

하나금융지주가 은행 증권 카드 등 전 계열사의 모바일 서비스를 통합, 운영키로 했다. 하나금융은 하나은행, 하나대투증권, 하나SK카드 등 전 계열사의 모바일 금융을 통합한 '하나스마트웨이브 센터'(가칭)를 내달 출범시키기로 하고 이를 위해 관련 부서 직원들로 구성된 태스크포스팀(TFT)을 8일 발족했다. 팀장은 트위터 마케팅으로 돌풍을 일으켰던 박인규 하나대투증권 e비즈니스부장이 맡았다. 하나금융 측은 "계열사로 분산돼 있는 모바일 금융서비스를 통합하고 이와 관련된 애플리케이션을 개발하는 업무를 진행할 계획"이라며 "이를 위해 서울대나 KAIST 등의 연구소와 제휴하는 방안도 검토 중"이라고 설명했다. 이 같은 모바일 서비스 통합은 김승유 회장의 지시에 따른 것으로 알려졌다. 김 회장은 죄는 계열사 임원들이 참석한 전략회의에서 "모바일 금융을 키워 그룹 시너지를 극대화해야 한다"며 센터 설립을 지시한 것으로 전해졌다. 하나은행은 업계 최초로 스마트폰 뱅킹(하나N뱅크)을 선보였다. 가입자 수도 37만명을 넘고 있다. 하나대투증권도 트위터 마케팅으로 전체 사용자(190만명)의 절반이 넘는 100만명의 팔로어를 확보했다. 또 모바일 주식거래가 가능한 '스마트하나'와 펀드 진단 서비스인 '펀드하나' 등 애플리케이션도 잇따라 내놨다. 하나SK카드 역시 모바일 카드인 '터치세븐'을 출시해 주목받기도 했다.

이호기 기자 hglee@hankyung.com

두 번째 꿈과 비전_ 앱 분야 슈퍼스타 K 만들기

앱 분야에도 슈퍼스타 K와 같은 이벤트를 기획하여 거기서 채택된 아이디어를 유료화 하고 그걸로 애플의 앱 스토어와 안드로이드 마켓을 공략하는 것이다.

나의 이 구상에는 전 국민이 누구나 참여할 수 있으며, 자녀를 키우고 있는 주부인력과 직장에 다니지 않는 실업자뿐만 아니라 노인들까지도 참가할 수 있다. 심지어는 다문화가족, 이민자들, 외국인들도 가능하다. 누구든지 아이디어와 상상력만 있으면 된다는 말이다.

서울대, KAIST, 고려대, 그리고 하나금융 앱 연구소가 주축이 되어 기본강좌를 열어 교육을 실시할 예정이다. 그리하여 전 국민의 상상력을 유료화 하여, 앱 스토어에서 돈이 들어오면 일정 비율로 배분할 계획이다. 예를 들면, 상상력을 제공한 아이디어 개발자가 5를 가져가고 나머지 5를 운영회사에서 갖는 방식이다. 한국에서도 스티브 잡스와 같은 억만장자가 탄생할 수 있는 길을 열어주자는 것이다.

이 사업은 자본금이 들지 않기 때문에 누구라도 쉽게 참여할 수가 있는 사업이다. 주말을 이용하여 직장을 다니는 직장인도 참여할 수 있고, 가족 단위나 2~3명의 동우회 단위로도 공략할 수 있는 사업이다. 벌써 일본에서는 수많은 앱 동우회가 활동 중이다.

이것은 자본이 들지 않는 외화 획득이다. 나는 이런 구상이 범국민적인 대회로 확산되길 원한다. 만약 나의 이런 생각을 교육부와 제휴를 하여, 초중고등학교에 앱 창작과정이라는 과목으로 넣으면 전 국민이 콘텐츠 요원이 될 수도 있는 것이다. 정말 나의 이런 구상이 실행에 옮겨진다면, 일본,

중국, 인도와 같은 아시아 시장을 공략하여 미래 대한민국의 성장 동력으로 활용하는 발판이 될 수 있다고 확신한다.

세 번째 꿈과 비전_ 아이비리그 플러스 적립식 펀드

2010년 여름, 나는 가족들과 함께 미국 아이비리그투어를 갔었다. 우리 아이들이 학생인 관계로 나는 아이들에게 세계적인 명문 대학을 보여주어 그들로 하여금 꿈을 갖게 해주고 싶었다. 여행사에서 패키지로 제공된 코스는 미국의 동부 명문대학들을 일주일간 탐방 할 수 있는 계기를 제공해 주었다. 컬럼비아 MBA출신의 가이드가 하버드, 예일, 프린스턴, MIT, 컬럼비아, 쥴리아드 등의 명문대학을 함께 돌아다니며 하나하나 자세히 소개하여 주었다. 해당 학교에서는 한국출신의 재학생들이 자신들의 학교에 대해서 소개하고 자신늘의 공부방법과 농분들의 현황 및 글로벌 트렌드 등을 설명 해 주는 매우 유익한 프로그램이었다.

놀라운 사실은 가이드로 나온 아이비리그 여섯 개 대학 합격자들 여섯 명 모두가 어렸을 적에 부모님 손을 잡고 그 학교를 다녀갔던 아이들이라는 사실이었다. 그 투어를 통하여 나는 직접 보고 체험해 보는 것이 얼마나 중요한지를 깨닫게 되었다.

한국에 돌아오고 나서 일주일 정도 지났을까? 캐나다에 있는 집사람으로부터 연락이 왔다. 아내의 목소리는 마냥 들떠 있었다.

"여보, 기적이 일어났어! 우리 종혁이가 MIT에 가고 싶대. 혜인이가 와튼 스쿨에 가고 싶다지 뭐야."

정말 그 말은 내게도 충격이었다. 투어를 마치고 나서 내가 물어 보았을 때는 그냥 무덤덤하게 있었던 아이들에게 어떻게 이런 변화가 일어난 것일까? 당시 큰 아들인 종혁이는 14살이었고, 큰 딸인 혜인이는 12살이었다. 아이들이 그런 결심을 하게 되었다는 사실은 아내와 나에게는 한편으로는 충격이면서도 또 다른 한편으로는 감동이었다. 아무리 공부하라고 해도 말을 듣지 않던 아이들이 이렇게 꿈을 가질 수 있다니…

아이들이 꿈을 갖게 되자 나와 아내의 세상을 바라보는 시각과 아이들을 대하는 태도 또한 바뀌게 되었다. 우리 가문도 명문가문으로 도약할 수 있는 가능성을 접하고 보니 가슴이 설레었고 어렵더라도 꼭 아이들의 도전을 후원해 주고 싶은 마음이 생겼다.

나는 이 느낌을 다른 가정과 아이들에게도 전달해주고 싶었다. 그래서 우리 하나대투증권의 총괄 본부장이신 최정호 전무님께 적립금의 일부로 아이비리그를 보내주는 혜택이 있는 ≪아이비리그 플러스 적립식 펀드≫를 만들 것을 제안하였다. 전무님께서는 나의 제안을 듣자마자, 바로 상품개발부 부장을 통해 실행할 것을 명하셨다. 대한민국 최초의 아이비리그 전용 펀드가 탄생한 것이다.

2011년도부터는 펀드를 가입한 고객 중 5명 내지 10명을 선발하여 미국의 아이비리그에 투어를 보낼 예정이며, 국내의 명문 대학들과 하나고등학교를 둘러보는 투어까지 예정이 되어있다.

아이비리그 적립식 펀드 아이디어를 내면서 또 이 책을 구상하는 과정에서, 나는 이 책의 인세로 나오는 수익금 전액을 펀드에 가입한 학생들과 다문화가정 자녀들을 위해 기부하겠다는 결심을 하게 되었다. 꿈을 가진 글로벌 리더들이 대량으로 배출되어 이 나라의 성장 동력으로 자리 잡게 해

주고 싶었던 것이다. 만약 책이 1만권이 팔리면 3명을 보낼 수 있고, 10만 권이 팔리면 30명을 보낼 수 있다.

나의 목표는 이 IVY리그 투어가 우리의 청소년들에게 글로벌 비전을 줄 수 있는 프로그램으로 성장 발전하는 것이다. 그리고 좀 더 욕심을 낸다면 이 프로그램이 범국민적인 운동으로까지 자리 잡았으면 하는 바람이다.

네 번째 꿈과 비전_ 카이스트 석사와 박사가 되는 것

아이비리그 투어를 다녀온 후, 우리 종혁이가 MIT에 도전하겠다고 꿈을 품은 것은 나에게는 너무나도 큰 기쁨이었다. 도전정신만큼 중요한 것이 또 있을까? 모든 부모들이 다 공감하겠지만 아무리 시키려고 해도 본인의 도전 의사가 없으면 어떻게 해 볼 도리가 없는 것 아닌가 말이다.

나도 아이들의 그런 이야기를 늘으니 아버지로서 무엇인가 해야겠다는 생각이 들었다. 다시 일상에 돌아가 업무를 하던 중, 회사에서 KAIST eMBA 과정 희망자 공모를 한다는 사내뉴스가 떴다. 합격만 하면 등록금의 상당부분을 회사에서 지원해 주는 조건이다. 비용적인 특혜가 큰 것은 아니었다. 오히려 바쁜 업무 일정 중에서 대학원에 나가 공부할 수 있도록 시간적인 배려를 해 준다는 것이 얼마나 큰 혜택인지는 금융권에 종사해 본 사람이 아니면 느끼기 힘들다. 입사 17년 3개월 만에 처음으로 기회가 주어진 것이었다.

MIT를 방문하였을 때의 일이었다. 질의응답 시간에 박사과정에 있었던 학생으로부터 들었던 이야기가 있다. 그것은 부모의 교육 정도가 아이에게 큰 영향을 미친다는 이야기였다. 나는 그 말이 문득 떠올랐고 비록 46

세의 늦은 나이였지만 과감히 도전 했다. 그리고 2010년 12월 4일자로 최종합격 통보를 받았다. 정말 감격스러운 순간이었다.

나는 eMBA에서 멈추지 않을 것이다. 다시 도전하여 박사과정에도 진학할 꿈을 가지고 있다. 그리하여 국내 금융 산업의 발전에 크게 이바지 하고 대한민국의 금융사에 한 획을 긋는 글로벌 리더가 될 것이다.

나는 이제 KAIST동문으로서 이렇게 말한다. KAIST가 세계적인 대학으로 도약하기 위해서는, 그리고 KAIST에서 스티브 잡스와 같은 인물이 나오기 위해서는 막대한 글로벌 자금이 몰려있는 미국 실리콘 밸리에 분교와 연구소를 만들어야 한다고 강력하게 주장한다. 그렇게 되어야만 국제적인 벤처 자금조달이 수월하고, 막 태어난 아이디어가 국내에서 해외로, 또는 해외에서 국내로 용이하게 오갈 수 있을 것이다. 그렇게 될 때 비로소 NASDAQ 상장도 가능하고 상장된 회사들 중 몇몇은 세계적인 기업으로 탄생할 수도 있다는 말이다.

나는 이런 나의 아이디어를 KAIST 측에 전달하였고, 주대준 부총장님으로부터 긍정적인 답변을 받았다.

다섯 번째 꿈과 비전_ 글로벌 주니어 MBA 과정 신설

왜 국내에는 미국 아이비리그 투어와 같은 것이 없을까? 라는 생각을 하던 중, 국내에서도 입학사정관 제도가 생기면서 변화가 일었다. 국내의 15개 외국어고등학교, 외국 명문고와 매일경제TV MBN이 함께 주관했던 주니어MBA가 300명 선착순 마감이 되었던 것이다. 그리고 나는 '매경 주니어 MBA'의 강사로 초빙이 되었다. 나에 대한 수강생들의 반응은 뜨거웠다.

또한 매주 금요일 머니투데이의 MTN 방송국에서 ≪꿈꾸는 여의도 경제버스≫라는 프로그램을 진행하면서 보니 아이들의 예약이 몇 달씩 차 있는 것이었다. 그때 나는 입학사정관제도 라는 것이 생기긴 했지만 아직은 국내에서 아이들이 체험을 할 수 있는 좋은 교육 프로그램이 부족하다는 사실을 알게 되었다.

그뿐만이 아니었다. 우리나라도 다문화 가정의 구성원이 200만 명이 넘었다는데, 정작 그들을 위한 좋은 프로그램은 전무하다는 충격적인 사실을 발견한 것이다. 그래서 이민자 자녀들이 국내에 들어오면 PC방만 전전하고 유흥만 즐기다가 국내에서는 아무것도 배우지 못한 채 다시 그들이 있는 나라로 나가게 된다는 딱한 현실도 알게 되었다.

나는 여기서 아이디어를 얻었다. 그래서 국내 아이비리그 투어를 만들어야 하겠다는 결심을 하게 된 것이다.

대한항공 조현민 상무님과 이런 국내 현실에 대하여 허심탄회하게 이야기할 기회가 있었다. 그녀도 이러한 현실에 대해 공감하면서 대한항공의 예절교육 프로그램인 CS 아카데미를 승격시켜서 주니어 MBA에 접목시킬 수 있는 아이디어를 내 놓았다. 조현민 상무께서 주니어 MBA의 뼈대를 상당부분 잡아 준 셈이다.

이렇게 해서 미래의 성장 동력인 어린이들을 위한 ≪글로벌 주니어 MBA≫를 기획하게 되었다. 협의과정에서 조현민 상무는 4개의 분과로 나눠진 과정을 제안하였다. 첫 번째가 Communication, 두 번째가 Finance, 세 번째가 Technology, 네 번째가 Art였다. 이렇게 조현민 상무가 잡아 준 골격에 나는 살을 붙이는 작업을 하였다.

그래서 커뮤니케이션 교육은 대한항공이, 파이낸스 교육은 하나금융그룹이, 테크놀로지 교육은 KAIST, 서울대, 고려대 등의 대학에서, 아트 분야 교육은 CJ 그룹과 한국예술종합대학 등에서 맡아 하는 구상을 마쳤으며, 현재 관계자들을 계속 접촉하고 있는 중이다.

파트 별로 국내투어를 하여 국내에서 소양을 쌓고, 해외에서는 아이비리그 투어와 유네스코 선정 세계 문화 유적지 탐사, 그리고 유럽과 미국의 아트 투어를 구상하고 있다. 여기서 한 발 더 나아간다면 향후 콘텐츠 소비국들인 일본, 중국, 인도와 같은 아시아 국가 탐방 등의 프로그램도 고려해 볼 수 있을 것이다.

사실 내가 아이들의 교육과 미래에 대해 유별나게 관심을 갖게 된 것은 꼭 우리 아이들의 교육 때문만은 아니었다. 나는 근 2년 전부터 매일경제TV의 ≪주니어 MBA≫와 머니투데이 방송국에서 진행하는 ≪꿈꾸는 여의도 경제버스≫의 강사로서 봉사해 왔다.

그 두 개의 프로에는 주로 초등학교와 중고등학교의 학생들이 오는데 나는 거기에서 아이들의 흡수력과 창의력을 보면서 많은 것을 느꼈다. 이들이 바로 미래의 성장 동력이라는 사실을 직접 몸으로 느낀 것이다. 우리가 조금만 멍석을 깔아준다면 그들은 충분히 제2, 제3의 스티브 잡스가 되고도 남을 수 있는 아이들이다.

정말 나의 모든 꿈과 비전이 실현되어서 우리나라가 세계 제2의 경제대국이 되었으면 좋겠다. 골드만삭스가 5년 전에 예언했듯이 말이다.

Chapter **02**

성공 10 계명

나름대로는 성공한 증권맨이자 사회인으로서, 그리고 건전한 종교관을 가진 종교인의 한 사람으로서 다른 사람들에게 도움을 줄 수 있는 방법이 무엇일까를 생각해왔다. 그래서 지난 10여 년 간 여러 곳을 강의하러 다니면서 청중들에게 평소에 해 주던 말을 알기 쉽게 정리하여 열 가지의 계명으로 요약하여 보았다.

나의 성공 십계명은 평소 스티브 잡스를 존경하는 사람으로서, 어떻게 하면 그의 성공철학을 다른 사람들에게 더 쉽게 전할 수 있을까를 고민하는 속에서 만들어 낸 것이다. 그래서 각 원칙의 말미에 스티브 잡스라면 어떻게 했을까? 하는 가정 위에서 '스티브 잡스로부터 배우는 교훈'을 추가하였다.

나의 작은 소망은, 이렇게 완성된 성공 십계명이 단순히 성공만을 추구하는 삶이 아닌, 균형 잡힌 삶속에서 진정한 성공을 원하는 사람들에게 조금이라도 도움이 되었으면 하는 것이다. 비록 간단해 보이는 원칙이지만, 또 다른 책들에서 소개하는 원칙들과 중복되기도 하지만, 이 원칙들에는 평소 나의 방대한 독서지식과 강연에서의 경험이 함축돼 있기도 하다.

한 가지 내가 자신 있게 말 할 수 있는 것이 있다. 독자들이 날마다 나의 십계명을 거의 습관처럼 되 뇌이면서 생활하다보면, 어느 날 성공인의 위치에 서 있는 자기 자신을 발견하고 깜짝 놀라게 될 것이라는 사실 말이다. 아무쪼록 여기저기서 많은 성공사례들이 들려오기를 간절히 기도한다.

제 1 계명_ The First Commandment

목표를 세워라.

> "이 세상의 그 누구도 올바른 정신자세를 가진 사람이 성공하려고 하는 시도를 막을 수 없고, 또한 이 세상의 그 누구도 그릇된 정신자세를 가진 사람이 성공을 거머쥐려는 시도를 도와 줄 수 없다. 목표 없이 사는 인생은 죽은 목숨이나 마찬가지이다."
>
> **토마스 제퍼슨**

사람이라면 누구나 단조롭고 지루한 삶을 원하지 않는다. 인간에게는 본능적으로 자신을 더욱 발전시키고 명예를 드높이는 방법을 찾으려는 의지가 있기 때문이다. 당신도 마찬가지일 것이다. 목표란 무엇인가? 그것은 결국 "나는 어떤 사람이 되고 싶은가?"라는 질문과 "나는 무엇을 하고자 하는가?"라는 두 가지 질문에 대한 대답에 다름 아니다.

부자가 되고 싶은가? 행복해지고 싶은가? 명예를 얻고 싶은가? 그러나 이러한 생각이 공상으로만 머문다면 아무 소용이 없다. 그런 꿈을 이루기 위해서는 꼭 필요한 것이 있다. 그것은 바로 장기적인 목표설정이다.

그러나 아무리 원대한 목표를 세웠어도 행동하지 않으면 그것 또한 아무 소용이 없다. 행동하는 데 있어 가장 큰 장애물은 바로 자신과의 타협이다. 아마추어는 자신과의 타협에 능한 사람이다. 그러나 프로는 절대 타협하지 않는다. 정해진 계획에 따라 자기 자신을 다그칠 뿐이다.

누군가에게는 혹독한 날씨가 산행을 미루어야 하는 핑계가 되기도 하지만, 누군가에게는 정상에 올라야만 할 확실한 목표가 되기도 한다. 후자의 태도야말로 바로 프로가 갖는 태도이다. 그는 혹독한 날씨보다는 눈보라와 싸워 이기고 정상에 올랐을 때의 쾌감과 성취감을 먼저 생각하는 사람이다. 반면 전자는, 올라가는 도중의 그 힘든 여정과 고통을 먼저 머리에 떠올리는 사람이다.

혹시 당신은 주변에서 무언가 근사한 일이 생기기만을 막연히 기다리기만 하고 있는 사람을 본 적은 없는가? 가령 이런 말을 하는 사람들 말이다.

"인생에서 가장 멋진 일이 무엇일까요?"

"글쎄요… 뭐, 10억짜리 로또 복권에 당첨되는 일? 아니면…"

"지금까지 살아오면서 훌륭하게 해 내었던 일에 대해서 말해 보시겠어요?"

"뭐 성공을 해 봤어야 알죠."

"운명이란 걸 어떻게 생각하세요?"

"운명이란 분명 있어요. 될 일은 되고 안 될 일은 안 되는 거죠."

참으로 한심한 대답이지만, 문제는 그런 사고방식을 가지고 있는 사람들이 주변에 널려 있다는 데에 있다. 2010년 12월에 우리나라 성인들을 대상으로 실시 한 어느 설문조사에 따르면, 아직도 우리나라 사람들 10명 중 대략 9명 정도가 이런 수동적이고 막연한 인생을 살고 있다는 것이다.

미국 시카고대학의 인간계발연구소 소장인 블름 박사는 한 시대에 각 분야에서 성공을 거둔 사람 20명을 선정하여 그들이 성공할 수밖에 없었던 이유를 연구했다. 그들은 운동선수, 음악가, 정치인, 의사, 종교인, 법률가와 같은 여러 가지 직업에 종사하고 있었지만, 그들 중 어느 누구도 선천적으로 타고난 재능이나 부모로부터 받은 유산에 의해 성공한 사람은 없었다는 것이다. 그는 성공한 사람들의 다섯 가지 특징을 다음과 같이 요약했다.

  첫째, 그들에게는 확고한 목표가 있었다. 무엇을 어떻게 하겠다는 구체적인 인생 설계도가 있었다는 말이다.

  둘째, 그들은 놀라운 추진력을 보여 주었다. 한번 하겠다고 결심한 일은 어떤 난관이 닥쳐도 결코 포기하지 않는 집요함을 보였다는 것이다.

  셋째, 학구열이다. 그들은 모두가 놀라운 독서의욕을 가지고 있었으며 배움에의 열망이 남달랐다. 지식을 습득하는데 거의 미친 사람 수준이었나고 한다.

  넷째, 인내심이다. 그들 모두는 참아내고 견디는 힘이 남달랐다. 자신을 끊임없이 훈련하고 계발하는데 열정을 가진 사람들이었다.

  다섯째, 그들은 모두 긍정적인 마인드의 소유자들이었다. 언제나 희망을 잃지 않고 인생을 살아간 사람들이었다. 자신들의 목표가 조금 늦어지더라도 언젠가는 반드시 이루어지리라는 확신을 가진 사람들이었다.

  일본 소프트뱅크의 손정의 회장은 20대 초반, 병원에서 3년간을 입원해 있을 때 자신의 인생설계도를 이렇게 세웠다고 한다.
  "20대에 먼저 세상에 이름을 떨친다."

"30대에는 1천억 엔(우리 돈 1조 원)을 마련한다."
"40대에는 사업체의 기반을 더욱 튼튼히 한다."
"50대에는 연간 매출액 1조 엔의 기업체로 키운다."
"60대에는 다음 세대에 사업을 물려준다."

재일동포에 대한 차별이 극심한 일본에서도 그는 젊은 시절 이런 확고한 목표가 있었기에 성공이라는 월계관을 쓸 수 있었던 것이다. 2011년 현재 60세인 손정의 회장은 1998년 포브스지가 발표한 일본부호 100인 중 보유재산 70억 달러로 당당히 1위, 전 세계 부호 중에서는 9위에 랭크된 바 있다. 그에게는 부모로부터 물려받은 재산도 뛰어난 학벌도 전혀 없었다. 구체적인 목표와 그 목표를 향해 밀고 나아가는 도전 정신만이 있었을 뿐이었다.

물론 나에게도 목표가 있다. 그 목표란 다름 아닌 미국의 스티브 잡스를 닮아가는 것이다. 그는 '다르게 생각하기' 또는 '혁신'을 통하여 전 세계 사람들에게 편리함이라는 선물을 안겨 주었다. 나는 증권 쪽에 몸담은 사람이다. 더 크게 말하자면 금융 산업에 종사한다고 하여야 할 것이다.

내가 생각하기에는 우리나라 금융 산업에는 아직도 개선할 여지가 많이 있다고 본다. 내 나름대로 '혁신'의 첫 번째 시도로 해 낸 것이 트위터를 증권 업무에 연결시키는 일이었다. 그래서 하나대투증권의 e-business 부에서 트위터를 통한 마케팅을 구상하게 되었고, 사업에 착수한 지 불과 1년 만에 100만 팔로우어라는 엄청난 대기록을 세울 수 있었다. 언론에서는 나의 이런 쾌거를, 물론 우리 부서원들 전체의 공로이지만, '트위터 백만대군의 신화'라고 부른다.

혹자는 별것 아니라고 치부할지도 모르겠다. 그러나 우리를 추격하는 2위 증권사의 팔로워 숫자가 아직 10만 명도 되지 않는 점을 감안한다면, 하나대투증권의 100만 팔로워는 엄청난 기록이라 할 수 있다. 물론 증권 분야에 새 바람을 불어 넣겠다는 나의 목표는 여기서 끝날 수 없다. 나는 앞으로도 계속하여 제2의 신화, 제3의 신화를 써 나갈 것이다.

그러면 어떻게 목표를 세울 것인가의 방법론을 알아보자. 다음과 같은 사항들을 참고하면 도움이 될 것이다.

1_ 충분하게 검토한 다음 내게 맞는 목표가 무엇인지 선택한다.
2_ 최종 결정을 내리기 전에 몇 가지 다른 대안을 검토한다.
3_ 본능적인 직감에 따른다.
4_ 믿을만한 경험이나 지식을 소유한 사람의 조언을 듣는다.
5_ 비슷한 길을 (이미) 가고 있는 사람들로부터 자문을 구한다.

이렇게 해서 일단 장기적인 목표 수립이 끝났으면 그 목표를 어떻게 밀고 나갈 것인가를 고민해야 한다. 목표를 향해 최초의 발걸음을 옮기는 일은 두려울 수도 있다. 목표에 도전하는 것이 지겹고 마지못해 하는 것이라면 그런 목표는 실패할 확률이 높다. 여기 목표 성취에 도움이 되면서도 해야 할 모든 과제를 즐겁고 보람차게 해 나가는 방법이 있다.

1_ 장기적 목표와 연관 지어 할 수 있는 즐거운 활동이 있는지를 늘 궁리한다.

2_ 즐거운 일을 찾아내어 그런 일을 재미없는 일 사이에 끼워 넣는다.
3_ 사소한 과제를 하나씩 해결해 나가면서 그 '해결의 기쁨'을 맛본다.
4_ 상황이 자신이 원하던 대로 풀리지 않는다 해도 계속 일을 해 나간다.
5_ 노력을 중지하는 것이 진정한 실패란 사실을 늘 명심한다.

1990년 영화배우 브라이언 블레스드(Brian Blessed)는 58세의 나이로 혼자서 에베레스트 산을 등반하여 8,848m의 정상을 정복한 최고령자로 기록되었다. 그는 14살 때, '살아생전에 꼭 한 번 에베레스트 산을 정복하겠다.'라는 목표를 세웠다고 한다. 그 목표를 무려 44년 만에 이룩한 것이다. 그 후 그는 에베레스트를 두 번 더 등반했으며, 남아메리카에 있는 5,895m의 킬리만자로 산을 정복했다. 그가 남긴 다음의 말은 우리들에게 목표설정과 도전정신이 얼마나 중요한지를 일깨워주기에 충분하다.

"우리들 모두는 자신만의 에베레스트를 가지고 있으며, 이 산을 스스로 정복하지 않으면 안 됩니다. 한 번도 정복을 시도해 보지 않았다면, 그 사람은 항상 미완의 상태로 인생을 살고 있는 것입니다. 인생에서 가장 큰 위험은 목표 없이 사는 것입니다. 목표가 없는 사람에게는 기회가 주어져도 거기에 대응할 준비가 되어있지 않게 마련입니다. 또 한 가지 명심할 말이 있습니다. 당신의 꿈에 미쳐야 한다는 것입니다. 주변에는 항상 당신에게 부정적인 조언을 하는 사람들이 있게 마련입니다. 그러나 그런 사람들의 말에 귀 기울이지 마십시오. 다른 사람들이 당신에게 미쳤다고 하면, '아, 내가 지금 제대로 가고 있구나.'라고 생각하면 됩니다."

둘째로는, 목표를 세분화하고 구체적으로 세워야 한다. 목표가 너무 방대하고 광범위하면 실천에 옮기기도 전에 지레 지치게 마련이다. 예를 들면, 2년 내에 요리사 자격증을 따고 나만의 요리법을 개발하여서 멋진 레스토랑을 열고 싶다거나, 내년부터는 한 달에 책을 두 권씩 읽겠다는 목표처럼 실현가능한 목표를 세우라는 말이다.

1984년 일본 도쿄 국제마라톤 대회에서 이전까지는 한 번도 이름을 날린 적이 없는 야마다라는 선수가 처음으로 출전하여 모든 사람들의 예상을 뒤엎고 우승하였다. 기자가 그에게 어떻게 해서 이렇게 놀라운 성적을 얻을 수 있었는지에 대하여 물었다. 그의 대답은 이랬다.
"저는 지능적으로 목표를 세워 모든 선수들을 이긴 것입니다."
당시 많은 사람들은 마라톤은 제력과 인내력이 필요한 경기라 신체석 조건이 좋고 인내심이 강해야 우승할 수 있다고 믿었다.
2년 후 이탈리아에서 국제 마라톤 대회가 열렸다. 야마다는 연이어 일본의 대표로 나갔다. 이때 그는 또다시 우승하여 사람들을 다시 한 번 놀라게 했다. 기자가 그에게 우승 비결을 묻자 이번에도 지난번과 똑 같은 '지능적으로 목표를 세워서 이겼다.'고만 대답했다. 기자들은 끈질기게 물고 늘어졌지만 더 이상 '지능적'이라는 우승 비결을 밝혀내지는 못하였다.
마침내 그 비밀은 10년 후에 밝혀졌다. 야마다가 그의 자서전에서 이에 대하여 상세히 털어 놓은 것이었다.
"나는 매번 시합 전에 차를 타고 경기 코스를 자세하게 돌아보았다. 예를 들어 처음 표시는 은행이고, 두 번째는 큰 나무, 세 번째는 붉은 색 건물….

이렇게 하나씩 머리 속에 그리면서 결승지점까지 갔다. 경기가 시작된 후 나는 1km의 단거리를 달리는 속도로 첫 번째 목표를 향해 돌진했다. 첫 번째 표지지점에 이르면 다시 두 번째 목표를 향하여 뛰어갔다. 42 킬로미터의 코스 중에서 나는 이렇게 몇 십 개로 세분화된 작은 목표들을 향해 가볍게 완주했다. 나도 처음에는 이 이치를 깨닫지 못했다. 그래서 나는 목표를 42 킬로미터 바깥에 있는 결승 테이프로 정했었다. 그러나 그 결과 고작 10 킬로미터를 달리고 나니까 녹초가 되었고 더 이상 뛸 수 없었다. 내 앞에 있는 너무나도 먼 목표에 그만 미리 질려버렸던 것이다."

일단 목표를 세웠다면 그 목표지점을 향해서 과감하게 밀고 나아가야 한다. 또한 중간에 수시로 만나게 되는 장애물이나 시련을 기쁘게 받아들여야 한다는 것이다.

여기서 한 가지 명심해야 할 점이 있다. 우리들 자신을 승리자로 보는 마음가짐이 무엇보다도 중요하다는 사실 말이다. 예를 들어, 당신이 자신을 승리자로 본다면, 자신에 대해서 훌륭한 성과들을 기대할 것이고, 그런 높은 기대치는 당신으로 하여금 목표를 향하여 끈질기게 나아가게 만들 것이다. 심지어는 그 목표가 힘에 부칠 때조차도 말이다. 그렇기 때문에 당신은 실패하기 보다는 더 자주 성공할 것이다.

만일 반대로 당신 자신을 실패자로 생각하게 된다면, 자신에게 기대하는 바가 적을 것이고, 그런 나약한 자신감은 당신이 앞에 장애물을 만났을 때 쉽게 포기하도록 만들 것이며, 결과적으로 당신을 영원한 패배자로 만들 것이다.

누구든지 목표를 세웠다고 해서 단 한 번 만에 골인하는 경우는 절대로 없다. 그러므로 여기서 중요한 점은, 포기를 하게 되면 포기하는 바로 그 순간에 자신이 그 동안 품어왔던 꿈은 사라지고 만다는 사실이다. 그 동안의 노력도 모두 물거품이 되고 마는 것이다. 이때는 그러한 난관과 장애물을 나의 꿈을 성공으로 이어주는 '도로표지판' 정도로 생각하면 된다.

도버해협을 헤엄쳐 건넜던 플로렌스 채드윅의 이야기를 들려주겠다. 그녀는 몇 년 동안 혹독한 훈련을 한 뒤 1952년 어느 날, 마침내 도버해협을 건너려고 프랑스 해안에서 영국을 향해 헤엄치기 시작했다.

육지에서 인간의 한계를 시험하는 달리기인 마라톤이 42.195km라는 점을 감안한다면, 평균 수심 40m의 바다 위에서 거센 물살과 싸워가며 35km를 헤엄쳐 건넌다는 게 얼마나 힘든 일인지는 새삼 설명할 필요도 없을 것이다. 더군다나 여자의 몸으로 말이다.

한 시간이 흐르고 두 시간이 흘렀다. 영국 해안에 가까워지자 두터운 안개가 내려앉기 시작했다. 게다가 물길은 차갑고 파도는 점점 더 거세졌다. 더 이상 견딜 수 없게 된 플로렌스는 마침내 헤엄쳐 나가기를 포기하고 자기를 구해달라고 소리쳤다. 배 위에 끌어올려진 그녀는 그야말로 허탈했다. 영국 해안까지는 불과 500m 밖에 남지 않았던 것이다!

재도전하기로 결정한 그녀는 지난번과 같은 실수를 반복하지 않기 위해서 해협에서 바라볼 때의 영국 해안풍경에 대한 이미지를 떠 올리는 방법에 착안했다. 헤엄칠 때 그녀가 보았던 이미지들이 도로표지판과 같은 역할을 해 줄 것이고, 결과적으로 목표에 도달하려면 얼마를 더 헤엄쳐야 할 것인지 알 수 있지 않을까?

몇 개월 동안 훈련을 거듭하고 체력을 보강한 그녀는 다시 해협 횡단에 도전했다. 또 다시 안개가 내리고 물살이 거세졌다. 하지만 이번에는 준비가 되어있었다. 그녀는 자신의 현재 위치를 머릿속에 떠 올리면서 안개를 헤치고 계속 헤엄쳐 나갔다. 곧 목표지점에 도달하리라는 사실을 알고 있었기 때문이다. 이렇게 해서 플로렌스 채드윅은 역사상 최초로 도버해협을 헤엄쳐 건넌 여성으로 기록될 수 있었다.

여러분은 영화배우이자 현 캘리포니아 주지사인 아놀드 슈워제네거를 잘 알고 있을 것이다. ≪터미네이터≫의 그 터프한 아놀드 슈워제네거 말이다. 이것은 정말 믿거나 말거나 한 슈워제네거의 고백이다. 어렸을 때에 그는 책상머리에 세 가지 목표를 써 붙여 놓았었다고 한다.

"첫째, 나는 영화배우가 될 것이며, 둘째, 나는 케네디 가의 여성과 결혼할 것이며, 셋째, 나는 캘리포니아 주지사가 될 것이다."

50년이 지난 지금, 그의 세 가지 꿈은 완벽하게 이루어졌다. 목표를 세운다는 것은, 그리고 그 목표를 향하여 나간다는 것은 이렇게 엄청난 마력을 발휘하는 것이다.

스티브 잡스로부터 배우는 교훈

"스티브 잡스에게는 '모든 사람들이 컴퓨터를 쉽게 사용할 수 있게 하겠다.'라는 단기적인 목표와 '컴퓨터를 통하여 세상을 바꾸어 놓겠다.'라는 장기적인 목표가 있었다. 그러한 목표가 있었기 때문에 그는 모든 역경을 극복하고 세계 최고의 기업군을 일구는 엄청난 일을 해 낸 것이다.

2010년 12월 현재, 스티브 잡스의 애플은 마이크로 소프트를 제치고 전 세계 시장에서 가장 시가총액이 높은 기업군으로 성장했다."

– 하버드비즈니스 리뷰 –

제 2 계명_ The Second Commandment

다르게 생각하고 다르게 행동하라.

> "생각은 현실적인 힘을 갖고 있으며, 또 지옥을 천국으로 만들기도 하고 천국을 지옥으로 만들기도 한다."
>
> **존 밀턴**

과거에는 무조건 복종만 하면 성공하던 시절이 있었다. 부모님의 말씀에 무조건 순종하고 선생님의 가르침을 무조건 암기하고 상사의 지시에 무조건 복종하면 그것이 곧 성공으로 이어지던 시대 말이다. 그런 관행은 2000년 이전까지는 비교적 잘 통했다. 그러나 21세기로 접어들면서 이러한 패러다임이 급격히 바뀌게 된다.

학자들은 그 이유를 무엇보다도 급격한 정보통신 기술의 발달에 있다고 본다. 과거의 농경사회, 산업사회에서는 정보의 흐름이 빠르지 못했다. 적어도 정보를 얻고 그것에 대응하려면 하루(1970년대)나 반나절(1990년대)이 필요했다. 그러던 정보의 흐름이 2000년을 지나오면서 거의 실시간 개념으로 바뀌게 된다. 따라서 부모님이나 선생님이나 상사도 우리들보다 더 이상 많은 정보와 지식으로 무장하기 어려운 시대가 되어 버린 것이다.

이제는 자신을 키워 준 부모보다도 본인 자신이 자기의 적성이나 능력을 더 잘 알게 되었다. 손안의 모바일 기기를 통하여 전 세계의 정보를 다 소유할 수 있기 때문이다. 선생님으로부터 받는 가르침보다도 몇 백배 많은 교육지식이 쏟아져 나온다. 그것들을 거의 실시간으로 찾아서 볼 수 있으며, 본인이 원하기만 하면 자신의 지식으로도 만들 수가 있는 것이다. 5년 전 입사한 선배보다도 신입사원이 더 많은 지식과 능력으로 무장하고 있는 경우도 흔하게 볼 수 있다. 이 모두가 다 정보통신기술의 발달 덕택이다.

이러한 환경에서 살게 된 사람들에게는 무엇보다도 남들보다 다르게 생각하고 다르게 행동한다는 자세가 중요하다. 과거의 패러다임이 더 이상 만병통치약이 될 수 없기 때문이다. 남들보다 다르게 생각하여 성공한 사람의 가장 대표적인 예가 바로 스티브 잡스이다.

스티브 잡스의 이야기를 들려주기에 앞서, 여기 남들보다 다르게 생각하고 다르게 행동한 한 사람을 소개한다. 그 사람은 베트남의 지압 장군이다. 독자들에게는 다소 생소한 이름일 것이다. 베트남 사람들은 우리나라에 이순신 장군이 있다면 자기들에게는 지압(보 구엔 지압 - 武元甲) 장군이 있다고 말한다.

베트남은 여러 가지로 우리나라와 비슷한 나라이다. 역사적으로도 그렇고 지형적으로도 그렇다. 지난 수천 년 동안 중국의 영향권 아래에서 살아 왔다는 사실이나 몽골제국으로부터 침입을 받았다는 사실도 매우 비슷하다. 70여 년 동안 프랑스의 지배를 받았다는 사실도 우리나라가 일본으로부터 36년 동안 압제를 받았다는 사실과 닮아있다. 1954년부터는 (우리는 1948년) 북부지역은 공산주의로 남부지역은 자유지역으로 갈렸다는 사실도 비슷하다. 그 후 10년간의 치열한 전쟁을 벌였다는 사실도 우리나라의 한국전쟁 3년과 매우 비슷하다.

1950년대 베트남은 열강의 식민지배에 맞서 프랑스와 힘든 싸움을 벌이고 있었다. 베트남독립동맹인 베트민(Viet Min)은 험준한 산악지형을 이용하여 게릴라전을 펼치고 있었고, 프랑스군은 베트민을 뿌리 뽑기 위하여 북서부에 있는 디엔비엔푸를 점령했다. 디엔비엔푸는 긴 베트남 영토의 맨 위쪽에 자리하고 있어 라오스로도 통하고 중국으로도 통하는, 베트남으로 보면 아주 전략적인 요충지이다.

아래에 LG경제연구원 이병주 박사의 ≪3불 전략≫이라는 책에 소개된 내용을 중심으로 지압장군의 일화를 소개한다.

1953년 프랑스는 모든 병력을 이곳으로 집결했다. 디엔비엔푸는 사방이 200m의 야트막한 산으로 되어있는 분지 형태의 지형으로 지름 3km의 꽤 넓은 땅이다. 프랑스 공수부대는 분지 형태의 지형에 요새를 구축하고 포병대를 배치하였으며 3개 사단 15,000명의 정예 병력을 총 집결하여 이 지역을 난공불락의 요새로 만들었다.

300m의 고지 위에서 밑으로부터 접근해 오는 적을 물리치기란 식은 죽 먹기나 마찬가지 아닌가. 서방 언론은 연일 이 요새를 가리켜 '세계 제1의

걸작품, 또는 '난공불락의 요새'라고 치켜세우며 마치 인도차이나에서의 승리가 눈앞에 다가온 것처럼 보도했다.

　1953년 3월 13일, 디엔비엔푸에 대한 베트민군의 대대적인 공격이 시작되었다. 그러나 그 공격 양상은 프랑스가 예상했던 것과는 전혀 딴판이었다. 수만 명에 달하는 베트민 군대가 엄청난 화력으로 공격해 오자 철옹성 같다던 디엔비엔푸 요새는 불과 하룻밤의 공격을 견디지 못하고 동쪽 요새가 무너져 버린 것이다. 요새 안에 있던 프랑스 군은 순식간에 고립되어 버렸다. 무기와 탄약도 더 이상 보급 받을 수 없는 상황에 직면한 것이다.

　프랑스 군은 포위된 자국 군대를 살리기 위해 공수작전에 나섰다. 그러나 그것마저도 여의치 않았다. 베트민 군이 사방을 둘러싸고 프랑스 군의 항공기를 향해 대공 포화를 쏘아대는 것이었다. 이 전투에서만 프랑스 군은 2,300명이 전사하였다. 그러자 프랑스 군은 포위 당한지 55일 만에 더 이상 버티지 못하고 항복했고, 결국 베트남에서 철수하고 프랑스는 더 이상 베트남에 대하여 영향력을 발휘할 수 없게 되는 것이다.

　어떻게 이런 일이 일어날 수 있었을까? 그 중심에는 바로 지압 장군이 있었다.

　지압 장군은 자신의 휘하 군대를 낮에는 철저히 쉬게 했다. 그는 어두워지면서부터 작전을 개시해서 야금야금 산등성이로 올라가게 했다. 그리고 바로 적의 턱 밑에다 수백개의 땅굴을 파서 그곳에 수만 명의 병사들과 보급품을 숨겨 두었다. 베트민군의 화력을 숨기기 위해 무기도 되도록이면 사용하지 말도록 했다. 그리고는 일시에 수만 명의 병력을 동원하여 야음이 시작돼서부터 다음날 새벽까지 적의 항공기가 작전을 하지 못할 때를 이용하여 기습해 버린 것이다.

이것이 베트남 국민들이 우리가 임진왜란의 이순신장군을 자랑하듯이 지압 장군을 자랑하는 이유이다. 1911년생이니까 우리나이로 치면 2011년 올해에 그는 101세가 된다. 그야말로 살아있는 베트남의 영웅이라 할 만하다.

그가 이긴 전쟁은 프랑스 군대와의 전쟁뿐만이 아니다. 그는 미국과의 기나 긴 전쟁도 승리로 이끌어 냈다. 1964년부터 1975년까지 장장 10년 이상을 끌어온, 20세기 후반에 벌어진 전쟁 중 가장 치열한 전쟁이었다. 북부 월맹군의 본거지인 하노이에 대한 미국의 폭격이 한창 절정에 달했을 때는 미군 폭격기들이 하루에만도 10,000톤 이상의 폭탄을 쏟아 부었다. 미군이 북쪽 베트남 지역 폭격에 동원한 항공기는 총 200만대 이상이었고 투하한 폭탄의 양도 200만 톤이 넘었다니 가히 그 치열함을 짐작할 수 있을 것이다.

그러나 지압 장군의 북부 월맹군은 미국의 이런 물량 공세에도 끄떡없이 버티었을 뿐만 아니라 미군을 비롯한 연합군을 물리치고 베트남을 지켜냈다. 그 후 1979년에 베트남을 침공한 중국마저도 물리쳤다. 무기나 병력도 변변치 않은 군대를 가지고 어떻게 이런 전공을 세울 수 있었을까?

그 비법을 지압 장군은 '다르게 생각하고 다르게 행동한다.'는 자신의 행동철학에서 찾는다. 이른바 3불전략(三不戰略)이다. 그는 이렇게 말한다.

"나는 적이 원하는 장소에서 싸우지 않았고, 적이 원하는 시간에 싸우지 않았으며, 적이 원하는 방법으로 싸우지 않았다."

그는 적이 낮에 싸우기를 원하면 밤에 싸웠고, 평지에서 싸우기를 원하면 정글로 끌어들였고, 우수한 화력을 앞세워 전면전을 벌이려고 하면 자신은 소규모 부대로 편성한 게릴라전으로 맞섰다는 것이다. 거기에는 또 '반드시 이긴다.'는 베트남 국민의 상승(常勝)의 정신도 한 몫 했다.

 이런 지압 장군을 일컬어 어떤 전쟁사학자들은 프랑스의 나폴레옹에 비교하기도 한다. 나폴레옹이 주로 비슷한 국력의 나라들과 싸워서 이긴 반면, 지압 장군은 자신들의 국력과 도저히 비교가 되지 않는 강대국들과 싸워서 이겼기 때문이라는 것이다. 1950년대에 싸웠던 프랑스가 그랬고, 1960년대에 싸웠던 미국이 그랬고, 1970년대에 싸웠던 중국이 그랬다.

 다르게 생각하여 인류의 역사를 바꾼 이야기를 들어보자. 그것이 우리 대한민국과 밀접한 관련이 있는 이야기라면 더더욱 들어볼만한 가치가 있지 않을까? 바로 인천상륙 작전과 관련된 맥아더 장군의 이야기이다.

 1950년 대한민국에서 전쟁이 터졌다. 소련(현재의 러시아 및 그 주변국들)의 지원을 받은 북한군이 6월 25일 새벽에 3.8선을 넘어 전격적으로 기습공격을 감행한 것이다. 불과 한 달도 못되어서 한국군은 낙동강 이남까지 밀리고 말았다. 한반도의 90%가 북한군의 수중에 들어간 것이다. 낙동강 방어선마저도 돌파된다면 그것은 곧 대한민국이라는 신생국가가 이 지구상에서 영원히 없어진다는 의미가 된다. 그에게는 전세를 일거에 역전시킬 대담한 작전이 필요했다.

연합군 총 사령관이던 더글러스 맥아더 장군은 철저한 반공주의자였다. 그에게는 절친한 한국인 친구들도 많이 있었다. 맥아더 장군은 전쟁이 터지자 불과 닷새 만에 전쟁의 최전선인 김포지구 전장에 와서 현황을 살펴보았다.

일본으로 돌아간 맥아더는 앞으로 이 전쟁이 끝날 때까지 얼마나 많은 젊은이들이 피를 흘리며 죽어가야 할 것인가를 생각하며 뜬눈으로 밤을 지새웠다. 그리고 결국은 인천상륙작전이라는 상대의 허를 찌르는 과감한 작전을 구상하여 실천에 옮겼고, 그 결과 단번에 전세를 역전시키고 북한군을 몰아내었다.

이 작전에는 모두가 반대했다. 미국 행정부도 반대했고 휘하의 야전군 장성들도 모두 반대했다. 유사이래 지금까지 상륙작전이 감행된 횟수는 무려 500회가 넘으나 대표적으로 성공한 케이스는 제2차 대전 때 프랑스의 북부 해안인 노르망디에 상륙한 것, 단 한차례뿐이라는 주장이었다.

인천은 자연적으로도 최악의 조건을 갖고 있다고 했다. 밀물과 썰물의 차이가 심할 때는 9m까지 나기 때문에 만약 작전이 몇 시간만 지연되어도 멀쩡한 군함들이 갯벌위에서 꼼짝달싹하지 못한다는 주장이었다. 참모들은, 연합군의 군함들은 갯벌 위에서 북한군의 집중 포화에 노출되어 괴멸되고 말 것이라며 극구 반대했다.

이 밖에도 참모들은 인천 앞바다가 항로가 좁다, 해변의 상태가 좋지 않다, 작전을 위해 멀리 돌아가야 한다, 인천과 미8군의 본거지인 일본과의 거리가 너무 멀다, 상륙작전을 굳이 추진한다면 군산이 인천보다 훨씬 더 유리하다, 등등의 갖가지 불가능한 이유들을 제시했다. 철저한 기독교 신자인 맥아더 장군은 홀로 하나님께 기도를 올렸다.

"아까운 젊은이들의 피를 더 흘려야만 합니까? 아니면 500분의 1에 희망을 걸어야 합니까?"

맥아더는 모든 반대에도 불구하고 작전을 감행하는 쪽으로 주사위를 던졌다. 그는 참모들에게 인천상륙작전이 성공할 수밖에 없는 이유를 적과 다르게 생각하기 때문이라고 했다.

"귀관들이 생각하는 바와 똑같은 생각을 북한군도 하고 있을 것이다. 그들은 맥아더가 바보가 아니라면 인천을 택하지는 않을 것이라고 생각할 것임에 틀림이 없다. 그러므로 나는 이 작전을 감행하겠다."

1950년 9월 15일 새벽 6시에 한국군 해병대가 포함된 75,000명의 연합군은 인천 앞 월미도에 기습 상륙하여 상륙작전은 멋지게 성공하고 전세를 일거에 역전시키게 된다. 당시 낙동강까지 밀고 내려갔던 북한군의 주력은 위와 아래에서 협공을 당하자 더 이상 견디지 못하고 급하게 패주하게 되는 것이다.

후일 맥아더 장군의 '다르게 생각하기'는 정확히 북한군의 의표를 찔렀다는 사실이 판명되었다. 한국전쟁이 끝난 지 40년 가까이가 지난 1980년 후반에 구(舊) 소련의 비밀문서가 해제되어 당시의 정확한 상황을 알 수 있게 된 것이다. 북한군 최고사령부에서는 상륙작전이 곧 있을 것으로 예상은 하였지만 그 후보지는 전북 군산, 경북 영덕, 강원도의 주문진, 함경도의 원산을 지목하였다고 한다.

이렇듯, 다르게 생각하고 다르게 행동한다는 것은 2011년을 맞이한 스마트 환경(Smart Environment)에서도 필요한 덕목이 아닐 수 없다. 어쩌면 다른 어떤 덕목보다도 더 중요한 행동지침이 될 수도 있을 것이다.

스티브 잡스로부터 배우는 교훈

열 살 무렵 스티브는 마운틴 뷰 지역으로 이사를 가게 된다. 그곳은 미국 첨단기술의 상징인 실리콘 밸리와 인접한, 말하자면 실리콘 밸리의 베드타운에 해당하는 지역이다. 그곳에서 스티브는 옆집, 윗집, 아랫집 아저씨들과 친하게 지내게 되면서 전자제품의 매력에 빠져들게 되는 것이다. 그들 역시도 전자제품에 미쳐버린 사람들이라서 휴일이나 주말이면 자신들의 차고를 작업대 삼아 이런 저런 부품들을 가져다가 조립하며 실험해 보곤 했던 것이다.

호기심 투성이인 열 살짜리 꼬마에게 집 주변은 정말 좋은 구경거리였다. 스티브에게는 자연스럽게 이집 저집의 차고에서 그들이 하는 일을 기웃거리며 어깨 너머로 배울 수 있는 기회가 주어진 것이다. 그런 꼬마에게 동네의 엔지니어 아저씨들은 이런저런 부속품들을 구경시켜주며 설명해 주었다.

중학생 시절, 스티브는 늘 다르게 생각하고 다르게 행동했다. 그 나이의 또래 사춘기 아이들은 대개 여자 아이들의 뒤꽁무니를 졸졸 따라다니곤 하던 때였다. 그러나 스티브는 그런 짓 보다는 전자제품을 조립해보고 분해해보는 것이 더 재미있었다. 하루는 전자회로 주파수를 측정하는 주파수 카운터를 만들다가 부품이 없어 그것을 구해 보려고 빌 휴렛에게 직접 전화를 거는 대답함마저도 보인다. 이제 겨우 열 세 살짜리 꼬마아이로부터 전화를 받았으니 세계 최대의 컴퓨터 회사의 회장인 빌 휴렛이 얼마나 어이없어 했을까. 이것이 인연이 되어서 스티브는 휴렛 팩커드에서 아르바이트로 일하는 색다른 경험을 하게 되는 것이다.

20대 초반에는 세익스피어의 문학세계에도 빠져보았고 미국의 히피 문화를 즐기기도 하였다. 그러다가 선불교와 동양철학에 심취하면서는 급기야 인도여행을 떠나게 된다. 자신이 하고 싶은 것을 하겠다는 고집으로 대학과 직장을 그만두고 여행을 결심한다는 게 어디 쉬운 일인가.

인도에서는 거지행색으로 집집마다 다니면서 동냥을 했고 호텔이나 여관이 아닌 폐가에서 잠을 자기도 했다. 하천의 맨바닥에서 잠을 자다가 갑자기 몰아친 폭우로 인하여 떠내려가기 직전의 위험에 처한 적도 있었다. 스티브는 이렇게 인도의 밑바닥을 체험하면서 제3세계의 극심한 가난을 목격할 수 있었다. 풍요가 넘치는 땅에서 자란 스티브에게 인도의 참상은 엄청난 가치관의 혼란을 초래했다.

이때의 '다르게 생각하고 다르게 행동한 경험'은 스티브에게 두 가지를 가르쳐 주었다. 하나는 자신의 내면에서 울려나오는 목소리인 직관력(直觀力)이 옳다는 가르침이었다. 내면의 목소리야 말로 자신의 깊은 곳에서 울려 나오는 목소리이니만큼 그것은 언제나 옳다는 믿음이었다. 그 후로 스티브는 어떤 중대한 결정을 할 때 자신의 직관력을 따르는 사람이 된다. 또 하나의 가르침은, 세상을 바꾸는 힘은 공허한 철학이나 사상이 아니라 기술력이라는 실용적인 가르침이었다. 인도가 철학이나 사상이 빈곤하여 그렇게 거지들이 도처에 널려있을까?

젊은 스티브에게도 '그건 아니다.'라는 확신이 들었던 것이다.

스티브는, 자신이야말로 바로 그런 세상을 바꾸는 일에 주역이 될 수도 있지 않을까하는 엉뚱한 생각을 하게 된 것이다. 그런 엉뚱한 생각은 10년, 20년, 30년이 지나면서 점차 현실로 변해갔고, 그는 지금 다르게 생각하고 다르게 행동하는 사람의 아이콘으로 우뚝 서있는 것이다.

제 3 계명_ The Third Commandment

호기심을 가져라

> "사람들이 날보고 상대성 이론을 발견한 비결이 무엇이냐고 묻는다면,
> 나는 나의 머릿속을 가득 채우고 있는 '못 말리는 호기심' 때문이라고 대답할 것이다."
>
> **알버트 아인슈타인**

세상에서 기석과도 같은 업적을 많이 쌓은 사람들의 공통점이 무엇일까? 그중 하나를 꼽으라면 아마도 위대한 사람들 대다수가 유난히 호기심이 많은 사람들이었다는 사실일 것이다. 호기심이란 무엇인가? 사물을 있는 그대로 보지 않고 끊임없이 Why와 How를 반복하는 습관이다. 그러므로 호기심이 많은 사람은 99%의 평범한 사람들로부터는 '또라이' 소리를 들으며 산다.

또 다른 특징이라면 당연히 실패를 두려워하지 않는다는 점이다. 에디슨이 그랬고 아인슈타인이 그랬고 야구의 전설이라는 홈런왕 베이브 루스가 그랬다. 그가 714회의 홈런을 기록하는 동안 무려 그 두 배에 달하는 1,330회의 삼진을 당했다는 이야기는 너무나도 유명한 일화가 아닌가.

인류 역사의 발전은 바로 그런 호기심에 가득한 사람들, 그리고 실패를

밥 먹듯이 하는 1%의 '꼴통들'에 의해서 이루어져 왔다. 여기 그 중 한 명, 토종 꼴통 정문술의 이야기를 소개한다.

미래산업이라는 회사를 창업한 정문술이라는 사람이 있다. 1990년대 벤처산업의 신화를 만들어 낸 사람이다. 역경을 이겨내고 직원들에게 최고의 대우로 일약 '가고 싶은 회사 1위'에 오르며 1,000:1의 입사경쟁률을 만들어낸 사람이기도 하다. 기막힌 타이밍에 회사의 주식공개로 전 직원을 십억대 부자로 만들어 주기도 했다. 심지어는 사내 식당에서 일하는 아줌마까지도 십억대 부자가 되었다고 한다.

2001년 미래산업의 회장 자리를 그만두고 나올 때 까지만 해도 그의 회사에는 결재니 회의니 하는 단어가 없었다. 직원들이나 연구원들이 돈이 필요하면 필요한 만큼 갖다 쓰면 된다. 경리과에서는 달라는 대로 돈을 내주고 나중에 영수증을 가지고 오면 처리해 주는 방식이었다. 심지어는 운전기사에게 까지도 결재권한을 주었다고 한다. 운전기사도 직원인 만큼 만날 사람들이 있을 것이니 필요한 만큼 쓰라는 것이다. 직원들에게 일 년간 주는 월급만큼의 금액을 보너스로 또 챙겨준다.

그는 자기의 가족들조차도 일체 회사에 출입을 하지 못하게 했다. 경영 일선에서 물러날 때는 깨끗하게 전문경영인에게 물려주고 나왔다. 심지어 그는 KAIST에 300억 원을 희사하고서도 생색 한 번 내지 않았다.

지금은 한국과학기술원(KAIST)의 이사장으로 있다. 대학의 이사장이라는 자리가 어떤 자리인가? 그 대학의 총체적인 방향을 결정하는 최고의사결정 기구이다. 더군다나 KAIST는 자타가 공인하는 대한민국의 최고 대학이다. 정문술은 그곳에서 수장(首長) 역할을 하는 사람이라는 말이다.

 이런 일화도 있다. 한국과학기술원은 정문술 회장이 2001년에 기부한 300억 원 중 110억 원을 들여서 정문술 관을 지었다. 그 건물 이름조차도 본인은 고사했지만 KAIST 측의 강력한 요구로 어쩔 수 없이 붙여진 이름이라 한다.

 그래도 정작 본인은 '온 세상이 깜짝 놀랄 만 한 신기술을 개발했다는 소문이 나기 전까지는 결코 KAIST를 방문하지 않겠다.'고 공언하였다고 한다. 그리고 그 약속은 지켜졌다. 그는 건물의 기공식 때도, 준공식 때도 KAIST를 방문하지 않았다. 정작 그가 KAIST를 방문한 때는 동 대학의 최철희 교수팀이 정말 세계를 깜짝 놀라게 할 신기술을 발표하고 나자 그 쾌거를 축하해주기 위해서였다고 한다. 기부를 하고 나서부터 무려 8년이 흘렀다나?

 자, 그럼 지금부터 그를 성공의 길로 이끌어가는 호기심이란 덕목에 대하여 알아보자. 그에게는 어떤 고난이 있었는지도 함께 살펴보자.

 정문술은 1938년 전라북도 임실에서 태어났다. 그는 학벌이 좋은 것도 아니다. 대학도 원광대학교 종교철학과를 나왔다. 그러나 그에게는 어려서부터 '끼'가 있었다. 바로 아무도 못 말리는 호기심이었다.

 원광대 종교철학과에 2년간 다니던 중 군대에 가게 되었다. 당시의 군대 생활은 지금과는 비교가 되지 않는 때였다. 춥고 배고프고 밤이면 고참들이 야구방망이보다도 더 큰 미제 야전곡괭이 자루로 구타를 일삼던 곳이었다. 누구든지 군대에 간다고 하면 죽으러 가는 정도로 생각할 때였다.

그러나 정문술은 달랐다. 배고프고 매 맞는 일쯤은 남자라면 다 참고 견디는 일 정도로 생각했다. 그 보다는, 군대는 도대체 어떤 곳일까? 하는 호기심이 발동한 것이다. 소집영장이 떨어지자 어머니는 날마다 눈물로 밤을 지새우셨다. 그러나 정작 본인인 정문술은 호기심으로 밤을 새웠다. 자신의 앞에 펼쳐질 또 다른 세상을 기대하면서.

훈련소에서도 동기들보다 더 자발적으로 훈련에 임했다. 제식훈련, 총검술, 수류탄 투척, 사격 훈련 등, 모든 게 처음 해보는 일인지라 신기하기만 했다. 남들은 모두 지겨워하고 하루하루 시간 가기만을 손꼽아 헤아리고 있는데 혼자만 희희낙락하니 훈련기간 내내 그에게 따라다닌 별명은 '꼴통'이었다.

훈련기간이 거의 끝날 무렵 설문지를 나누어 주었다. 모두들 대충대충 답안지를 적고는 누워서 쉬기에 바빴다. 그러나 정문술에게는 시험 내용이 너무 재미있었다. 대부분이 엉뚱하고 기발한 내용들이었기 때문이었다. 적성검사였던 것이다. 열심히 답안을 적었다. 그러자 신병훈련이 끝남과 동시에 육군행정학교로 배속이 되는 게 아닌가. 그의 못 말리는 호기심 덕분에 남들은 빽을 써도 가기 힘들다던 광주 행정학교를 제 발로 가게 된 것이다.

시골에서만 살았으니 그런 체계적인 행정교육을 받을 기회가 없었다. 그러니 또 모든 게 신기했다. 호기심을 가지고 열심히 공부하니 당연히 성적이 좋게 나왔다. 졸업하자마자 이번에는 육군본부로 발령이 나는 것이었다. 당시 육군본부는 최고의 요직 중에 요직이었다. 명문가의 자제들만이 올 수 있는 자리였다. 정문술은 육군본부 부관감실 통계과에서 일하면서 난생 처음 컴퓨터라는 것을 접하게 된다. 1959년은 컴퓨터가 막 개발된 아주 초기단계였기 때문에 대한민국을 통 털어 보아도 컴퓨터가 단 몇 대 밖에 없을 때였다.

그가 군 복무 중에 이번에는 5.16 혁명이 일어난다. 그러자 혁명군 쪽에서는 '국가재건최고회의'라는 최고 의사결정기관을 만들어 국가 운영의 기본 틀을 만들려고 하고 있었다. 당시에 제대로 체계적인 행정교육을 받은 사람들이 없었으므로 혁명군 쪽에서는 육군본부 출신자들을 대상으로 국가재건 최고회의 요원을 선발하게 되고 정문술은 거기에 지원하여 합격되는 행운을 누리게 된다. 그러나 그것은 생각하는 사람에 따라서는 행운이 될 수도 있고 재앙이 될 수도 있는 사건이었다. 혁명이 제대로 성공하면 출세의 길이 보장되는 일이지만, 만약 혁명이 진압된다면, 그래서 현 정권이 그대로 유지된다면 그는 그야말로 반역자 신세가 되고 마는 것이다.

정문술에게는 정말 다행스럽게도 혁명은 성공하였다. 그는 그곳에서도 열심히 일한 결과 상사들로부터 실력을 인정받게 된다. 그러자 이번에는 미국의 CIA를 본 따서 한국에도 중앙정보부라는 조직을 만든다는 것이었다. 상사로 모시고 있던 분들 몇 명이 중앙정보부의 창립 멤버로 가면서 정문술을 데리고 갔다. 그렇게 하여 그의 첫 직장, 중앙정보부 시절이 시작되는 것이다.

당시의 중앙정보부라면 '나는 새도 떨어뜨린다.'는 권력을 가진 집단이었다. 봉급도 다른 직장보다 훨씬 많았다. 들어 와 보니 모두가 명문대학 출신들이거나 끝발 있는 집안의 자제들이었다. 그들에게 뒤질 수 없다는 오기가 발동했다. 남들보다 더 열심히 공부하고 일했다. 각종 시험에서도 항상 1등 아니면 2등이었다. 1976년 서른아홉의 나이로 부이사관으로 승진하였다. 중앙정보부 내에서 가장 빠른 승진 기록이었다.

'처녀 불알 따오는 것 빼 놓고는 다 할 수 있다.'라는 권세를 가진 중앙정보부에서만 18년을 근무하였으니 세상에 더 부러운 것이 없었다. 대한민국에서 일어나는 일이라면 모르는 게 없는 사람이라고 자부하면서 살아왔다. 그러던 중 1979년 10.26 사건이 일어났다. 그러자 세상이 순식간에 뒤바뀌었다. 전두환 장군이 이끄는 보안사령부가 갑자기 대한민국 최고의 실세로 등장하는 것이었다.

10.26이 일어나기 몇 달 전부터 중앙정보부에서 비밀리에 진행하던 작업이 있었다. 바로 보안사령부 축소작업이었다. 군 정보부대인 보안사령부가 본연의 임무와는 관계가 없는 민간인 사찰을 한다는 진정이 여러 차례 접수되자 상부에서는 보안사령부 기구를 축소하는 작업을 결정하게 된다.

운명의 장난이었는지 그 일이 공교롭게도 정문술에게 배정되는 것이다. 그리고 운명의 여신이 다시 한 번 장난을 쳐서 세상이 전두환 보안사령관의 천하로 바뀌어 버렸다. 그러자 중앙정보부가 청산대상 제1호가 되어 버린 것이었다. 그렇게 하여 정문술은 하루아침에 중앙정보부에서 해고되는 신세가 되어 버린다.

신군부에서는 책상정리를 할 여유조차도 주지 않았다. 그렇게도 잘 나가던 중앙정보부의 실세가 하루아침에 실업자의 신세로 전락하여 버린 것이다. 마흔 셋의 나이에 다섯 명의 아이들과 아내를 어떻게 부양해야 할 지 눈앞이 캄캄했다. 대다수의 실업자들이 다 그렇듯 정문술도 등산으로 처음 얼마간을 소일했다. 집 바로 뒤에 있는 청계산을 아침마다 올라가서 오후 서너 시쯤에 내려왔다.

강제 퇴직 후에 그들의 충격이 얼마나 컸는지를 짐작하게 하는 대목이 있다. 후일 회고하여 보니 정문술과 절친했던 중앙정보부 동료 세 명 중, 두 명은 자살을 했고 한 명은 사업실패로 신용불량자가 되었다는 것이다. 무소불위의 권력을 휘두르던 중앙정보부였으니 그 반대로 생각하면 온실에서 고이 자란 화초가 아니고 무엇이랴. 지금은 퇴직자들에 대한 정보도 많고 재취업 프로그램도 많지만 당시만 해도 사기꾼들이 '군인, 교사, 공무원의 퇴직금은 내 호주머니에 있는 돈이나 마찬가지'라고 공공연히 떠벌이며 거리를 활보하던 시대였으니 말이다.

정문술이 퇴직금을 한 푼 두 푼 까먹으며 무료하게 지내고 있던 중, 정보부 시절 자신이 데리고 있던 전용차 운전기사를 만나게 된다. 그가 전기설비에 들어가는 부속품을 하는 공장의 사장을 잘 아는데 거기서 일해 보시면 어떻겠느냐고 하더란다. 놀 때에 어디서 일하라고 하는 것만큼 반가운 일이 또 있을까.

정문술은 앞 뒤 가리지 않고 부천으로 가서 그 회사의 사장을 만났다. 만나보니 사람도 믿음직스러워 보이는데 아예 자기보고 대표이사 자리를 맡아 달라는 것이 아닌가. 별다른 의심도 없이 퇴직금의 절반인 2천만 원을 투자하고 풍전기공이라는 회사의 사장에 취임하였다. 지금 돈으로 치면 대략 4억 원 정도에 해당할 것이다.

곧바로 빚쟁이들이 몰려오기 시작했다. 첫 번째로 사기를 당한 것이었다. 채권자들이 수도 없이 몰려왔다. 공장의 건물은 물론 기계까지도 모두 저당 잡혀 있는 상태였던 것이다. 물에 빠지면 지푸라기라도 잡는다고 했던가? 집에서 놀고 있다는 강박관념이 앞뒤 가리지 않고 덤비다가 덥석 미끼에 걸린 꼴이 되고 만 것이었다.

 한 번 사기를 당했다고 그대로 물러날 수는 없었다. 다시 이를 악물고 공장을 가동시켰다. 풍전기공이 금형제조 쪽에서는 꽤 이름이 날 즈음에 또다시 허물어졌다. 이번에는 경쟁업체에서 사기로 고발한 것이었다. 당시만 해도 권력이면 다 되던 시절이었다. 제대로 된 조사고 뭐고도 없이 거의 반강제적으로 기계 기술을 몽땅 빼앗겼다. 권력의 정점에 있던 사람이 이번에는 권력에 의해 처참하게 당한 꼴이 되어 버리는 것이다.

 그래도 금형사업을 포기하지 않았다. 1년간의 와신상담 끝에 다시 시작하여 재기에 성공하는 듯 했다. 대기업에 납품을 하는 일이었다. 그러나 이번에도 그토록 힘들게 개발해 낸 금형을 대기업에 몽땅 빼앗겨 버리고 말았다. 정문술은 또 한 번의 처참한 실패를 경험하는 것이다.

 그가 연이은 사업실패로 실의에 빠져 지내던 중, 이번에는 어느 지인으로부터 반도체검사 장비를 만들어 보라는 권유를 받게 된다. 자세히 연구하여 보니 결국 그 일도 금형설계 기술과 맞물려 있는 사업이었다. 금형이라면 벌써 몇 년간 죽기 살기로 매달려서 어느 정도 자신이 있을 때였다.

 회사 이름도 풍전기공에서 미래산업이라고 바꾸었다. 리드프레임 매거진이라는 반도체 검사장비를 개발하여 성공하자 사업은 승승장구 하는 듯 했다. 제품을 개발한 지 채 1년도 되지 않아 전체 반도체 검사 장비 시장을 석권했다.

 그러자 그의 호기심이 또다시 그를 부추겼다. 한 단계 더 발전한 무인 웨이퍼 검사 장비를 개발해 보라는 미국 파트너의 제안에 솔깃하여 그의 모든 것을 다 쏟아 부었다. 그러나 결과는 참담한 실패였다. 3년간 있는 돈 없는 돈 모두 끌어다 연구개발에 매달렸지만 성과는 나오지 않았다.

　1988년 온 나라가 88 올림픽 준비에 들떠 있을 때 그에게 마지막 결정타가 날아든다. 정말 마지막에 마지막 돈까지 다 긁어모아서 직원들 봉급을 주려고 했던 돈을 경리직원이 은행 앞에서 날치기를 당한 것이었다. 조카의 곗돈까지 빌려온 처지였다. 당시만 해도 월급을 통장으로 온라인 하는 시대가 아니었다. 그래도 그는 정이 있는 사람이었다. 훌쩍이고 있는 여직원에게 그가 한 말 한마디는 '할 수 없지 뭐.'였다고 한다.

　이제는 50도 넘은 나이였다. 더 이상 어떻게 해 볼 수도 없었다. 빚쟁이들이 꾸역꾸역 몰려왔다. 날마다 눈만 뜨면 소주를 마셨고 술에 취해서 잠이 들었다. 끝없이 죽음을 생각했다. 아내와 자식들을 데리고 동반자살을 하기로 했다. 아이들 다섯 명과 아내를 모두 차에 태우고 강물로 뛰어들 생각도 했다. 물속에서 고통스러워 할 아이들을 생각하니 차마 실행에 옮길 수가 없었다.

　수면제를 몇 알씩 사 모으는 일도 실행에 옮겨 보았다. 한 달 간을 여러 군데 약국을 돌며 약을 구입했지만 일곱 식구가 죽기에는 턱없이 부족했다. 그는 속으로 중얼거렸다.

"나야 사업 실패하고 돈 다 까먹었으니까 죽어도 싸지만 아내와 아이들은 무슨 잘못이 있나. 죄가 있다면 아비 잘못 만난 죄 밖에 더 있을까?"

　자신만 혼자 죽어야 할 것 같았다. 소주 한 병과 수면제를 들고 청계산을 올랐다. 잠시 술에 취해서 생각해 보니 혼자서 죽는 게 너무 억울하다는 생각이 들었다. 세상은 여전히 잘 돌아가고 있는데… 전쟁이라도 나서 모두가 다 죽어 버렸으면 좋겠다는 생각도 들었다.

산에서 날이 저물 때까지 얼마나 울었는지 모른다. 그때 정문술의 머릿속을 스치고 지나가는 생각이 있었다. 바로 얼마 전 딸아이를 따라서 가 본 교회의 목사님 설교 말씀이었다. 설교 제목은 '욥의 시련'이었다. 하나님께서 욥에게 시련을 주신 것은 욥을 징벌하시기 위함이 아니라 욥을 더욱 더 단련시키기 위함이라는 말씀이었다.

다시 한 번 해 보면 될 것도 같았다. 지금 내가 죽으면 그 동안 나를 믿고 도와주었던 사람들은 어떻게 되는가, 회사 직원들은 아직도 충성을 포기하지 않고 있는데, 내 가족은 또 얼마나 고통스러워 할 것인가, 그래도 나를 훌륭한 아빠라고 생각하는 아이들이 있는데…

정문술은 각오를 새롭게 했다. 생각을 바꾸자 갑자기 용기가 펄펄 나며 희망적인 생각들이 떠오르는 게 아닌가. 비록 돈은 잃었다고 해도 금형기술에 관한 한 우리 회사가 대한민국에서 제일이 아닌가. 정밀기계나 제어계측 분야에서는 타의 추종을 불허하지 않는가. 지난 수년 동안 20억 원을 쏟아 부은 기술을 이대로 사장시킬 수는 없다는 생각이 들었다.

마침내 정문술은 핸들러라는 비메모리 반도체 검사장비의 개발에 성공한다. 당시까지만 해도 전량 수입에 의존하던 제품이었다. 미래산업은 1992년 30억 원의 매출에서 5년 후인 1997년에는 600억 원이 넘는 매출을 기록한다. 순이익율도 30% 이상이었다. 그렇게 하여 정문술은 미래산업의 역사를 만들어 냈으며 대한민국의 벤처신화를 쓰게 되는 것이다.

외국 명문대학에서 박사학위를 받은 사람들이 기라성처럼 모여 있는 KAIST에서, 대한민국을 대표하는 대학이라는 한국과학기술원에서 어떻게 달랑 원광대학교 졸업장 한 장만 있는 정문술이 재단이사장이라는 최고의 자리에 앉게 되었을까. 참으로 호기심과 불굴의 의지라는 덕목이 새삼 돋보이는 이야기가 아닐 수 없다.

스티브 잡스로부터 배우는 교훈

스티브 잡스에게도 물론 '못 말리는 호기심'이 있었다. 사실 그의 성공 동인(動因)의 상당부분은 이 못 말리는 호기심 때문이라고도 할 수 있다.

스물 네 살이던 1979년에 스티브는 놀라운 사건을 경험하게 된다. 바로 세계 최대의 연구기관이 제록스의 팔로알토 연구소를 방문하게 되는 사건이다.

스티브는 거기서 '마우스'라는 최초의 개념을 만나게 된다. 그 기술을 처음 접한 순간, 스티브의 머릿속은 호기심으로 가득 찼고 가슴은 마구 방망이질 해댔다. 그는 직감했다. 지금까시의 컴퓨터 운영방식이 냉령어를 입력하는 방식이었다면, 앞으로의 운영방식은 이와 같은 사용자 인터페이스 방식이 주종을 이룰 것이라고.

그러나 당시의 제록스 연구개발팀은 보다 정교한 레이저 프린터의 개발에만 관심이 있었을 뿐, 정작 자신들이 개발해 낸 기술이 얼마나 엄청난 기술인지조차도 모르고 있었다. 몇몇 엔지니어들이 이 GUI(Graphic User Interface) 방식을 제록스의 기술로 공식발표하자고 제안하였으나 당시의 제록스 경영진은 그들의 주장을 묵살해 버렸다.

만약 그들이 그 때 그 신기술을 상용화하였다면 컴퓨터 시장의 판도가 변했을 것이다. 그랬더라면 지금 제록스는 전 세계의 컴퓨터 시장을 좌지우지하는 막강한 컴퓨터기업으로 재탄생했을 것이며 애플도 존재하지 않았을 것이다.

스티브 잡스는 제록스의 팔로알토 연구소(PARC)에서 당시 GUI 기술개발을 주도했던 래리 테슬러(Larry Tesler)를 스카우트 하였고, 그리하여 컴퓨터에 마우스라는 신기술을 적용한 최초의 기업으로 기록을 남기게 되는 것이다.

제 4 계명_ The Fourth Commandment

꿈을 시각화 하라.

> "어떠한 일이 있더라도 꿈을 잃지 마라. 꿈은 희망을 버리지 않는 사람에게만 내려주는 신의 선물이다."
>
> **아리스토텔레스**

찰스 다윈에 의하면 인간은 유인원(類人猿)에서 진화하였다고 한다. 오늘날 대다수의 생물학자들도 이러한 주장에 동의한다. 그렇다면 어떻게 먼 옛날 인간의 조상이었던 원숭이들이 자기들보다 더 빠르고 힘센 맹수들 틈에서 살아남았을까? 그리고 그들을 지배하게 되었을까?

과학자들은 그 가능성을 상상력에서 찾는다. 그들이 '상상력'을 가졌기 때문에 그런 기적이 가능했다고 본다. 유인원의 무리는 사자처럼 용맹하지도 않고 표범처럼 날래지도 않지만 그들은 초원을 정복하겠다는 꿈을 꾸었기 때문에 나무 위에서 내려왔고, 결과적으로 초원을 지배하게 되었다는 것이다. 초원을 마음껏 다니는 상상이 곧 현실이 되어서 유인원 무리, 곧 인류의 조상을 이 세상의 정복자로 만들었다는 주장이다.

꿈이 이루어지는 것을 바라보라는 말은 곧 꿈을 시각화하라는 말이다.

어떻게 하면 꿈을 시각화할 수 있을까? 그 비결은 날마다 자기가 품고 있는 꿈을 되 뇌이면서 머릿속에 훗날의 성공한 자신의 모습을 그려보는 것이다.

우리의 뇌는 전 세계 어느 컴퓨터와도 비교할 수 없는 정교한 기관이지만 약간은 멍청하기도 한 모양이다. 그래서 계속하여 같은 신호를 보내면 그것이 입력되어 저장장치에 쌓이고 쌓이게 되고, 결국에는 그 쌓여진 자료대로 명령을 내 보낸다는 것이다. 우리의 몸은 두뇌에서 내려오는 명령에 무조건 복종하는 습성을 갖고 있다.

이 얼마나 간단한 원리인가! 날마다 '성공'하는 꿈을 꾸고 그 꿈을 계속하여 머릿속에 그려 넣기만 하면 저절로 성공할 수 있다니… 성공이란 따지고 보면 이렇게 쉬운 것이다. 신경학자들은 이런 현상을 '정신이 몸을 지배한다.'라고 표현하며 경제학자들이나 경영학자들은 '성공원리'라고 부른다. 성경에서는 '심는 대로 거둔다.'라는 말로 표현하고 있다. 또 선조들은 '콩 심은 데 콩 나고 팥 심은데 팥 난다.'라는 쉬운 말로 이 원리를 우리들에게 깨우쳐 주었다.

꿈을 시각화한 대표적인 인물을 찾으려고 100년 전, 200년 전의 그 어느 외국으로 여행을 떠날 필요도 없다. 우리 주변에 그런 인물이 있기 때문이다. 바로 축구선수 박지성이다.

2010년 11월 초, 맨체스터 유나이티드의 박지성이 2골을 터트렸다. 프리미어리그 2010 ~ 2011 시즌 울버햄튼과의 경기에서였다. 전 세계 최고의 축구 클럽인 맨유에서도 독보적인 존재로 팀의 승리에 견인차 역할을 하는 박지성 선수의 '꿈을 시각화'하는 과정을 자세히 살펴보자.

박지성은 여러모로 축구선수가 되기에는 부적합한 인물이었다. 우선 그의 부모님이 어려서부터 그가 운동하는 것을 달가워하지 않았던 것이다. 아버지의 꿈은 지성이가 공무원이 되어서 안정되게 살아가는 게 소원이었단다. 시장에서 정육점을 하고 반찬가계를 하면서 꾸려가는 넉넉지 못한 살림의 부모로서는 의당 가질 수 있는 희망이다. 예나 지금이나 공무원생활을 하면 먹고 사는 데는 지장이 없으니까.

또한 박지성은 또래의 아이들보다 왜소한 체격에 더욱이 운동선수로서는 실격인 '평발'의 소유자였다. 생각해 보라. 평발이라면 달리기에 가장 핸디캡이 되는 신체조건이 아닌가.

그러나 박지성은 초등학교 저학년 시절부터 축구공 차기를 유난히 좋아했다. 그의 꿈은 축구부에 들어가는 것이었다. 신수 유니폼을 입고 그라운드를 종횡무진 누비는 꼬마 선수! 그런 생각에 그는 어릴 때 밤잠을 설친 적이 한 두 번이 아니었다고 전해진다.

초등학교 3학년이 끝나갈 무렵 마침내 첫 번째 관문인 아버지의 승낙을 받아낼 수 있었다. 자식에게 이기는 부모 없다고 축구를 시켜주지 않으면 밥도 먹지 않고 굶어 죽겠다는 데야 배겨 낼 부모가 어디 있을까. 그렇게 하여 시작한 박지성은 초등학교 시절 이미 '차범근 축구상'을 수상하였고 안용중학교 시절에는 전국 대회를 싹쓸이 하게 된다.

수원공고에서는 이학종 감독이라는 평생의 은인을 만나서 축구선수로서 늘 따라다니던 핸디캡이었던 '왜소한 체격'의 문제를 해결하게 된다. 감독 선생님이 박지성에게 1년간 체력강화만을 주문하였기 때문이다. 그가 훈련에서 줄 곳 제외되며 몸만들기에만 힘쓴 결과 고등학교 2학년 무렵에는 키가 170cm 까지 자라게 되었다는 것이다.

다음으로 박지성이 꿈을 꾼 것은 아르헨티나의 축구영웅 마라도나를 닮는 것이었다. 1학년 시절 감독의 배려로 기초훈련만 하면서 체력보강을 할 때 많은 독서를 했는데 그때 읽은 책 중의 하나가 바로 마라도나의 전기였다. 그의 축구를 사랑하는 마음과 열정을 그대로 본받는 꿈을 키워가던 박지성이 이번에는 1994년 미국 월드컵을 우승으로 이끈 브라질 팀의 둥가를 롤 모델로 본받게 된다. 수비수로서도 팀 전체를 아우르는 둥가 선수를 보면서 '나도 장차 둥가 선수 같은 팀을 이끄는 선수가 돼야지.' 이런 비전을 품게 되는 것이다.

축구를 시작한 이후에도 부모님의 꿈과 박지성의 꿈은 확연한 대조를 이룬다. 부모님은 체육선생이 되기를 원하셨다. 그러나 박지성은 마라도나처럼, 그리고 둥가처럼 세계적인 스타가 되는 꿈을 꾸었다.

박지성의 꿈은 차근차근 이루어져 갔다. 명지대학교를 거쳐서 일본 J-리그 교토의 퍼플상가를 거치면서 그의 진면목이 여지없이 드러나는 것이다. 그는 이미 명지대 1학년 시절에 올림픽 대표팀에 선발되었다. 그러나 그의 운명을 가장 극적으로 바꾼 만남은 2001년 히딩크 감독과의 만남이었다. 2002년 한일 월드컵을 1년 앞둔 시절, 히딩크 감독은 그때 이미 박지성 선수에게 '영국 프리미어 리그에서 뛸만한 재목'이라는 예언을 했던 것이다.

그때부터 박지성의 머릿속 영상은 멀지 않은 장래에 영국 프리미어 리그에서 10만의 관중에 들러 쌓여 세계 최고의 축구스타들 사이를 헤집고 돌아다니는 자신의 모습으로 꽉 채워지기 시작했다. 그러자 '꿈의 마법'이 또다시 작동됐다. 2002년 네델란드 에인트 호반으로 이적한 후 다시 3년 만에 이번에는 정말 히딩크 감독의 예언처럼 꿈의 무대인 영국 프리미어 리그, 그 중에서도 세계 최고의 축구 명문인 맨체스터 유나이티드로 스카우트 되는 것이다.

세계 최고의 구단에서 더군다나 주전으로 활약하는 대한민국의 박지성. 그의 동료가 누군인가? 아니 그의 경쟁자들이 누구인가? 바로 전 세계에서 그 명성이 자자한 루니, 스콜스, 페르디난드, 니스텔 루이가 아닌가?

여기서 우리가 역사를 되돌려보자. 우리들이 지난 세월을 역사라고 정의한다면 박지성의 지난날도 결국은 역사라고 보아도 좋을 것이다. 역사에 '만약'이라는 말은 존재하지 않는다고 하지만, 만약 박지성이 어린 시절에 자기의 꿈을 포기하고 부모님의 말씀을 따랐다면 어떻게 되었을까?

박지성의 아버지는 지성이가 공무원이 되길 바라셨다고 했다. 그 바람대로 열심히 공부하여 대학을 갔다면 과연 공무원 시험에 합격하긴 했을까? 요즘 원체 공무원 되기가 쉽지 않아서 하는 말이다. 그래도 박지성은 자기일에 철저한 사람이니까 시험에 합격하여 공무원이 되었다고 치자. 그렇다면 대학을 졸업하고 군대를 다녀와서 28세쯤에 9급 공무원이 되었을 것이다. 지금 나이 31세이면 어떤 위치에 있을까? 아주 특별나게 승진을 했다고 해도 8급 공무원 정도일 것이다. 연봉에 이런저런 수당을 모두 합쳐도 5천만 원을 넘기는 힘들다고 보아야 한다.

지금 박지성이 맨유에서 받는 연봉은 대략 60억 원 정도라고 한다. 여기에 상금과 보너스 등을 합치면 대략 80억 원. 게다가 국내외에서 찍는 CF

광고의 모델료는 완전 별개이다. 그렇다면 어림잡아 한 해 100억 원 정도의 소득을 올린다는 추정이 가능하다. 100억 원이면 연봉 5천만 원짜리 8급 공무원이 200년간 일해야 버는 돈이다. 100억 원의 이익을 내는 회사라면 연간 매출액이 1천억 원은 되어야 한다. 박지성 선수 하나가 1천억 원의 중견기업인 셈이다.

그러나 박지성의 오늘을 어찌 돈으로만 평가할 것인가. 박지성 선수는 이제 전 세계 60억 인구의 절반이 알아주는 축구 스타이다. 여자들처럼 축구에 별 관심이 없는 사람들을 제외시킨 숫자이다. 그가 하는 말 한마디 행동 하나가 곧 대한민국을 대표한다고도 할 수 있다. 그의 발언이나 행동거지에 따라 대한민국의 국격이 올라갈 수도 있고 내려갈 수도 있다. 어느 사이에 그는 대한민국을 대표하는 인물이 된 것이다.

이제 다시 8급 공무원 박지성으로 돌아가 보자. 박지성 선수의 출신지가 수원이니까 수원시청의 공무원이라고 해 두자. 그를 아는 사람이 몇 명이나 될까? 민원을 제기하러 온 사람, 서류를 떼러 온 사람, 아니면 인허가 행정관계 일로 안면이 있는 업자들… 많이 잡아야 몇 천 명에 불과할 것이다. 이 차이를 무엇이라고 표현해야 적당할지 모르겠다. 천양지차(天壤之差)? 오히려 그런 말조차도 부족하다는 느낌이다.

이것이 꿈을 꾸는 사람, 그리고 그것을 끊임없이 시각화하는 사람과 그렇지 못한 사람, 즉, 평범하게 살아가는 사람과의 차이이다. 박지성이 얼마 전까지 꾸어왔던 꿈이 또 하나 이루어졌다. 바로 수원에 유소년축구센터 건립이 완성된 것이다. 이제 어린 축구 꿈나무들이 무럭무럭 자라날 것이다. 거기에서 제2의 차범근이 나올 것이고, 제3의 박지성이 나올 것이며, 제4

의 이청용이 나올 것이다.

이제 박지성은 또 다른 꿈을 꾼다. 10년 후, 아니면 20년 후, 아마도 대한민국의 축구를 세계 정상에 올려놓는 명감독 박지성으로서의 꿈을 말이다.

성공하고 싶은가? 꿈을 꾸라. 단순히 꿈을 꾸는 것만이 아니라 그 꿈을 날마다 머릿속에 그려보라. 그리고 계속 각인시켜라. 당신의 뇌가 자동적으로 당신의 몸을 성공이란 골문으로 몰아가도록.

조용기 목사님은 내가 가장 존경하는 인물이다. 그분이 쓰신 책 ≪4차원의 영성≫을 보면 꿈이 현실이 되어 나타나는 사건이 소개된다. 너무 재미있어서 여기에 소개한다.

미국에 어느 흑인 모자가 살고 있었다. 그 여인은 이혼을 당한 후 하루하루를 품팔이를 하면서 힘겹게 살아가고 있었다. 어린 아들은 엄마를 볼 때마다 칭얼거리며 졸라댔다.

"엄마, 나 고양이 키우면 안돼요? 고양이 사 달란 말이에요."

그렇지만 그녀는 고양이를 살 돈이 없었다. 날마다 조르는 아들을 볼 때마다 엄마의 마음은 너무 아팠지만 아들은 그런 엄마의 심정에는 아랑곳없이 끈질기게 졸라 댔다.

"내 친구들은 강아지도 있고 앵무새도 있는데 왜 나는 고양이 한 마리도 없어요?"

여인은 그런 아들을 달래면서 이렇게 말했다.

"얘야, 우리 좋으신 하나님께 기도해 보자꾸나. 하나님께서는 분명히 너에게 고양이를 선물로 주실 거야."

어머니는 아들의 손을 잡고 기도하기 시작했다.

"우리의 형편을 잘 아시는 하나님, 제게는 고양이를 살 돈이 없습니다. 저를 불쌍히 여겨주시고 부디 저의 아들이 간절히 소원하는 고양이를 한 마리 선물로 주시옵소서. 예수님 이름으로 기도드렸습니다. 아멘!"

아들이 어머니에게 물었다.

"엄마, 정말 하나님이 고양이를 선물로 주시나요?"

"암, 그렇고 말고. 하나님은 못 하는 일이 없으신 분이란다. 고양이 정도는 문제도 아니지. 언제고 꼭 보내주실 테니까 우리는 기도만 하면 된단다. 하나님께서는 우리의 기도를 듣고 계시지. 그러니까 우리 날마다 이렇게 계속 기도하자꾸나."

그렇게 어머니와 아들은 계속 기도하였다.

따뜻한 햇살이 비치는 어느 날, 어머니는 마당에서 뜨개질을 하며 앉아 있었고, 아들은 그 옆에서 종이에 장난삼아 그림을 그리고 있었다. 그런데 이 무슨 날벼락일까? 저 높은 하늘에서 새까만 물체가 하나 떨어지는 것이 아닌가! 가까이 가서 보니 그 물체는 검은 고양이었다. 어머니와 아들은 너무 놀랐다. 그도 그럴 것이, 멀쩡한 하늘에서 고양이가 떨어지다니 이 얼마나 놀라운 일인가. 더군다나 그 고양이는 높은 하늘에서 떨어졌음에도 불구하고 마당을 어슬렁거리면서 돌아다니고 있지 않은가!

그들 모자는 기뻐 뛰면서 하나님께 감사기도를 드렸다.

"하나님 아버지, 감사합니다. 결국은 저희들의 기도를 들어 주셨군요."

이 이야기는 '하늘에서 떨어진 고양이'라는 제목으로 신문과 TV에 보도

되면서 삽시간에 미국 전역으로 퍼져 나갔고, 아들은 날마다 고양이와 놀면서 즐거워하였다.

그로부터 며칠 후, 어떤 사람이 찾아 와서는 자기가 주인이라며 그 고양이를 내 놓으라는 것이었다. 이건 또 무슨 날벼락인가? 하늘에서 떨어진 고양이에게 주인이 있었다니. 그 사람의 말은 이랬다.

자기는 여기서 800m 떨어진 마을에 사는 사람인데 어느 날 고양이가 나무 위로 올라가더니 안 내려오더란다. 그래서 동네 사람들과 함께 고양이를 끄집어내려고 하다가 결국에는 나무를 잡아당긴 손을 놓쳐버렸다는 것이다. 그 반동으로 고양이가 나무에서 튕겨나가서 하늘로 솟아 버렸는데 여기저기 수소문을 해서 찾아보니 800m 거리에 있는 이 집에 있더란다. 그러면서 그 고양이의 원래 소유주는 자기이니 빨리 내 놓으라는 것이었다.

흑인 모자도 지지 않았다. 그 고양이는 자기들이 날마다 간절히 하나님께 기도로 매달려서 얻은 선물이기 때문에 절대로 내 줄 수 없다고 버티었다.

결국에 이 문제는 법정 소송으로까지 번졌고, 전문가들이 이 문제의 진위를 파악해 보려고 이 동네에 와서 조사를 시작했다. 고양이가 올라갔다는 나무로 가서 그 나무 꼭대기에 검정고양이와 똑 같은 조건의 인조고양이를 매달아 놓고 실험을 시작했다. 그런데 아무리 나무를 잡아당겨서 날려보내보아도 그 물체는 30m를 넘어 날아가지 않았다. 그렇게 시도해 보기를 여러 차례 해 보았지만 언제나 실험 결과는 마찬가지였다. 가깝게 떨어질 때는 20m, 멀리 가 보았자 30m가 고작이었다. 마침내 조사관들은 '고양이가 날아서 800m까지 갈 수는 없다.'라는 보고서를 제출하였고 결국 법정은 '이는 하나님이 주신 선물이다.'라는 판결을 내리고 말았다.

터미네이터로 유명한 아놀드 슈워제네거는 무명이었던 1976년 한 언론사 기자와 인터뷰를 했다. 그때 그는 자신의 목표를 할리우드에서 최고의 스타가 되는 것이라고 밝혔다. 당연히 그를 인터뷰했던 기자는 코웃음을 쳤다. 풋내기 무명배우의 말이 너무나도 허황됐기 때문이었다. 당시 아놀드 슈워제네거에게는 미스터 올림피아에서 우승한 보디빌더로서의 경력이 전부였기 때문이었다. 그 기자는 조롱조로 슈워제네거에게 그런 유명한 스타가 되기 위해 어떤 노력을 하고 있는지를 물었다. 그에 대한 대답이 또 엉뚱했다.

"내가 대스타가 되어 있는 모습을 상상하며 이미 그렇게 된 것처럼 매일매일을 사는 거지요."

그 기자는 슈워제네거가 과대망상에 빠진 젊은이라고 치부하고 고개를 절레절레 흔들면서 인터뷰를 마쳤다.

그러나 그로부터 불과 15년 후, 정말 아놀드 슈워제네거는 할리우드 최고의 스타 배우가 되어서 부와 명성을 한 손에 거머쥐었다. 그러나 거기가 끝이 아니었다. 그는 미국의 명문가인 케네디 가문의 여성을 아내로 맞아들이고 자신의 입지를 더욱 공고히 해 나갔다.

그러던 중 그에게 또 다시 기회가 찾아왔다. 2003년 캘리포니아 주지사였던 그레이 데이비스(Gray Davis)가 주민 소환 확정으로 물러나면서 그의 후임으로 제38대 캘리포니아 주지사가 된 것이다. 그 후부터 지금까지 그는 캘리포니아 주지사로 활발한 정치활동을 벌이고 있다. 아마도 슈워제네거는 지금 이 시간 또 다른 꿈을 시각화하고 있을지도 모른다. 자신이 미국의 다음 대통령이 되어 있는 꿈을.

이지선 씨의 이야기를 하려고 한다. 그녀에 대한 자세한 이야기는 열 번째 계명, '감사하라'에서 하기로 하고 여기서는 그녀가 그런 극한 상황 속에서도 어떤 꿈을 꾸었는지, 그리고 그 꿈이 어떻게 이루어졌는지만을 이야기하고 싶다.

이지선 씨는 여러분들이 잘 알고 있는 대로 대학 4학년 때 전신 3도의 화상을 입은 사람이다. 온 몸의 55%에 화상을 입은 사람, 의사들조차도 그녀의 인생은 끝났다고 했다지만 그녀는 꿈을 꾸었고 그 꿈은 이루어졌다. 그리고 지금도 이루어지고 있다.

"모두들 저보고 인생이 끝났다고 했습니다. 하지만 그 인생의 끝, 바닥이라고 하는 그곳에서 저는 새로운 꿈을 꾸기 시작했습니다. 피부도 없는 몸으로 병원 침대에 누워서 정말 '꿈같은 꿈'을 꾸었습니다. '여기서 살아 나간다면, 나 같은 사람들을 도울 수 있는 공부를 하고 싶다.'고요. 아마 그때 병원에는 제가 제 정신이 아니라고, 현실을 몰라도 너무 모른다고, 헛된 꿈을 꾸는 저를 가엾다고 한 사람도 있었을 것입니다."

이지선 씨가 그런 꿈을 꾸고 난지 불과 5년, 2009년에 그녀의 꿈은 현실로 나타났다. 걸어서 불과 서너 발짝 거리에 있는 화장실도 못 가던 그녀가, 혼자서 환자복에 단추 하나도 채우지 못하던 그녀가, 부모와 오빠도 모두 한국에 둔 채 홀로 미국 유학을 가서 보스턴대학에서 재활상담학 석사학위를, 컬럼비아 대학에서 사회복지학 석사학위를 받은 것이다. 2011년 1

월, 지금은 UCLA에서 사회복지학 박사과정을 공부하고 있다.

  머지않아 그녀의 꿈이 또다시 현실이 되어 나타날 것이다. 그때 우리는 더 많이 성장한 이지선 씨를 만나게 될 것이다. 국내로 돌아와서 장애인들을 위해서 복지정책을 조언하고 더 어려운 사람들을 위해서 희망과 용기를 북돋아 주는 이지선 박사의 모습을…

  여러분들도 이처럼 사람의 생각으로는 가능하지 않을 것 같은 꿈을 꾸어야만 한다. 그리고 그 꿈을 머릿속에 새기고 간절히 기도하라. 그러면 고양이가 하늘에서 떨어지고 세계 최고의 스타배우가 되는 기적이 일어난다. 꿈을 시각화하는 능력은 어떤 절망에서도 꿋꿋이 일어서는 놀라운 초능력을 발휘하게 된다.

스티브 잡스로부터 배우는 교훈

  스티브 잡스의 자서전을 읽다보면 그가 자신의 꿈을 시각화 하였다는 증거가 곳곳에서 발견된다. 1986년 스티브 잡스가 루커스 필름의 그래픽 부서를 5만 달러에 인수한 사건이나, 그 후의 그의 행적을 보면 그의 '꿈 시각화' 능력을 알 수 있을 것이다. 그는 그 부서만 인수한 것이 아니고 거기서 일하던 유능한 엔지니어들 45명 전원을 그대로 받아들였다. 몇 년 전, 제록스의 PARC 연구소를 방문하였을 때 품었던 자신의 비전을 실천할 기회를 잡은 것이다.

  그 꿈은 마침내 이루어졌다. 그 신규 부서에 10년 동안 (현재가치로) 무려 3

천억 원에 달하는 엄청난 돈을 쏟아 부어서 마침내 ≪토이 스토리≫라는 완벽한 컴퓨터 그래픽 애니메이션 영화를 만들어 낸 것이다. 그렇게 탄생한 ≪토이 스토리≫는 미국 영화협회가 선정한 100대 영화에 당당히 그 이름을 올리게 되는 것이다.

놀랍지 않은가? 100대 영화 중 애니메이션은 단 두 타이틀뿐이며, 그 중에서도 순수하게 컴퓨터 그래픽 기술을 활용하여 만든 영화로는 ≪토이 스토리≫가 유일하다는 사실이? 다른 하나의 애니메이션 영화는 월트 디즈니의 ≪백설공주와 일곱 난장이≫이다.

여기서 우리는 스티브 잡스의 또 하나의 꿈이 이루어지는 광경을 목격하게 된다. 인수 당시 그는, '언젠가는 지금의 이 작고 초라한 부서가 월트 디즈니와 맞먹는 강력한 브랜드로 성장할 것입니다.'라고 공언하였다. 과연 그의 호인장담대로, 그 부서는 후일 픽사(Pixar)라는 이름으로 거듭났고, 디즈니는 거액을 지불하고 픽사를 인수하게 되고, 이 인수합병의 결과로 스티브 잡스는 월트 디즈니의 최대 주주로 등극하게 되는 것이다.

2011년 1월에 보도된 내용에 따르면 스티브 잡스는 픽사의 주식 배당 수입으로만 무려 4,800만 달러를 받았다고 한다. 우리 돈 500억 원을 단 1개 회사의 1년 간 배당 수익으로 벌어 들였다니…

제 5 계명_ The Fifth Commandment

인생의 멘토를 만나라.

"그 사람의 영웅이 누구인가를 알면 그 사람에 대해 많은 것을 알 수 있다."

마키아벨리

영어 사전에서 '멘토 - mentor'라는 단어는 '훌륭한 스승', 또는 '조언자'라고 설명되어 있다. 원래 이 말은 호메로스의 서사시 ≪오디세이≫에 나오는 오디세우스의 충실한 조언자의 이름에서 유래한다. 오디세이가 트로이 전쟁에 출정하면서 집안일과 아들 텔레마코스의 교육을 그의 친구인 멘토에게 맡긴다. 멘토는 오디세이가 전쟁에서 돌아오기까지 무려 10년 동안을 선생으로, 상담자로, 또 때로는 친구로, 그리고 어느 때는 아버지가 되어 주면서 친구의 아들인 텔레마코스를 잘 돌보아 주었다. 이후로 멘토라는 그의 이름은 지혜와 신뢰로 한 사람의 인생을 이끌어 주는 지도자라는 말과 같은 뜻으로 사용되었다.

그러면 왜 우리 인생에서 멘토가 필요할까? 그 이유는 우리들의 삶이 한정되어 있다는 아주 기본적인 가정에서부터 출발한다. 즉, 우리는 길게 살아 보았자 100세를 넘기기가 힘들다는 이야기이다. 따라서 한정된 세월 속에서 이런 실수, 저런 실패를 반복할 여유가 없다는 것이다.

우리가 멘토를 섬겨서 본받아야 할 역할 모델로 삼고 나면 우리는 그들로부터 강력한 동기부여를 받게 될 뿐만 아니라, 그들의 과거 행적을 살펴봄으로써 적어도 그들이 했던 것과 동일한 실패를 반복하지 않는다는 장점이 있다. 또 그분들은 우리가 역경에 처해 있을 때 조언을 해 주기도 하고 어려움을 탈출하도록 힘을 주기도 한다.

멘토는 꼭 사람만을 의미하지는 않는다. 그것은 어떤 사물일 수도 있고, 또 어떤 현상일 수도 있겠다. 물론 일반적으로 멘토라고 하면 사람을 지칭하기는 하지만 말이다. 나의 첫 번째 멘토는 책이다. 솔직히 여기서 잠시 부끄러운 나의 과거를 고백해야 하겠다.

결혼해서 세 아이의 아버지가 되고 가상의 역할을 한다는 것은 정말 쉽지 않은 일이었다. 게다가 증권회사의 일이라는 것이 잠시도 쉴 틈이 없는, 언제나 엄청나게 바쁜 일의 연속이었다. 그래서 집에서 쉴 때면 나는 늘 TV를 보았다. 그것도 소파에 옆으로 누워서 팔로 머리를 벤 자세로 말이다.

그러던 어느 날, 나는 놀라운 광경을 보게 되었다. 외출을 마치고 집에 돌아오니 아이들 셋이 소파에 나란히 누워서 나와 똑같은 자세로 TV를 보는 것이 아닌가! 아이들의 모습을 보는 순간 나는 심한 충격을 받았다. 그때 퍼뜩 머리에 떠오른 생각은 '이건 아니다!' 라는 생각이었다. 이런 모습으로 아이들이 계속 자랄지도 모른다는 생각이 번쩍 머리를 스치고 지나갔다.

그때 나는 '이제부터는 책을 읽으리라.'고 결심하였다. 그러면서 바로 얼마 전에 읽었던 전혜성 교수가 쓴 ≪섬기는 부모가 자녀를 큰 사람으로 키운다≫라는 책의 내용이 생각났다. 즉, 한국의 부모들은 아이들이 세 시간 이상씩 공부하기를 원하면서 정작 본인들은 TV만 본다는 지적이었다. 바로 나의 이야기가 아닌가!

저자의 권면은, 아이들이 매일 세 시간 이상씩 공부를 하게 하려면 부모가 먼저 13시간씩 공부를 하라는 것이었다. 아이는 부모를 보고자라기 때문에, 부모가 13시간씩 책을 읽고 공부하는 모습을 보여 주었을 때 비로소 세 시간씩 공부를 하게 된다는 논리였다. 그래서 나는 그날부터 바로 TV를 끄고 책을 읽기 시작하였다. 그것이 2000년이 막 시작되었을 때의 일이다.

그 후로 나는 비가 오는 날이나 눈이 오는 날이나 집에 있는 시간이면 책상 위에서건 식탁 위에서건 책을 펴놓고 읽었다. 더 이상 소파에 누워서 뒹굴지도 않았다. 야근에 지쳐 너무 힘이 들어도 심지어는 졸면서 까지도 책을 손에서 놓지 않는 모습을 보여주었다.

그렇게 5년을 꾸준히 하자 아이들도 조금씩 변화를 보이기 시작하였다. 어느 사이에 아이들도 TV보다는 책을 더 좋아하게 되었다. 이렇듯 나의 멘토 중의 하나는 책이었고, 오늘의 나를 있게 해 준 것 역시도 책이었다. 지금 우리 집 서재에는 3,000권의 책이 있다. 이제 나의 목표는 10,000권의 책을 읽는 것이다.

1년 365일에서 공휴일을 제외하고 하루에 한 권 씩을 읽는다면, 한 해 동안 300권의 책을 읽을 수 있다. 이러한 방식으로 하루에 한 권 씩을 꾸준하게 10년을 읽어야 3,000권이다. 그렇다면 30년을 이러한 방식으로 읽어야만 10,000권에 도달할 수 있다는 계산이 나온다.

  나는 앞으로 남은 인생 동안 10,000권이라는 목표를 두고 꾸준히 책을 읽어나갈 것이다. 그리고 마지막 이 세상을 떠나는 날 아이들에게 이런 유언을 남겨주고 싶다.

"나는 10,000권의 책을 물려준다만, 너희들은 아이들에게 20,000권의 책을 물려주고 떠나거라."

  책과 더불어, 내가 멘토로 삼고 있는 분은 강영우 박사님이다. 강영우 박사님은 눈이 보이지 않는 장애를 극복하고 미국의 제43대 조지 부시 대통령의 정부에서 국가장애위원회 정책차관보를 역임하신 분이다. 나는 강영우 박사님의 ≪우리가 오르지 못할 산은 없다≫를 여러 번 읽었다.

  경기도 양평에서 태어난 강영우 박사는 중학교 시절 사고로 눈을 실명하고 뒤이어 어머니와 누나를 잃고 어린 나이에 소년가장이 되었다. 그러나 그는 온갖 어려움 속에서도 신앙과 굳은 의지로 연세대학교를 졸업하고 미국에 유학하여 1976년에는 한국인 최초의 시각장애인 교육학 박사가 되었다. 그리고 미국의 국가장애위원회 정책차관보 까지 역임하셨다. 그가 쓴 영문판 자서전인 ≪빛은 내 가슴에≫는 일본어, 스페인어 등, 7개국의 언어로 번역 출간되었고 미국 의회도서관은 녹음도서로 보관하기도 하였다.

  나는 강 박사님의 ≪우리가 오르지 못할 산은 없다≫를 읽으면서 많이 울었다. 물론 그가 겪은 시련이 눈물겹기도 했지만, 그보다는 그런 어려움을 딛고 목표를 세우고, 자신이 세운 목표를 위해 노력해가는 아름다운 과정이 더 감동스러웠기 때문이었다. 그가 어려움을 극복하고 하나하나 목표를 이루어가는 태도는 나에게 큰 도전이었다. 그때부터 나는 그분이 걸어갔던 길과 삶의 방식을 닮으려고 노력하였다.

  맹인이라는 장애는 일반인으로서는 사실 상상하기 어렵다. 그분의 책을 읽고 나는 나 자신이 부끄러웠다. 나는 무엇을 하고 있는 것인가? 강영우 박사는 자녀들을 모두 미국 명문대에 진학시켰고 명문가를 이루었다. 나도 막연하게 성공하고 싶다는 마음을 갖고는 있었지만 사실 그때까지는 그 구체적인 방법을 몰랐다.

  그렇다면 내가 지금 할 수 있는 일은 무엇인가? 그것은 주어진 직장생활을 최선을 다해 하는 것이다. 지금 다니고 있는 직장이 나의 마지막 직장이 될 수 있다는 각오로 말이다. 나중에 자녀들이 하나대투증권을 오게 되더라도 '너희들의 아버지는 정말 열심히 일하셨던 분이다.'라는 이야기를 듣고 싶었다.

  이런 마음가짐은 내가 직장생활을 열심히 하게 된 원동력이 되었고, 나는 정말 그 누구보다도 열심히 일했다. 항상 제일 먼저 출근하였고 가장 늦게 퇴근하였다. 그런 나를 보고 직장 동료들은 미쳤다고도 했다. 그 결과 하나대투증권의 최연소 지점장이 되었고 최우수 사원상도 받았다.

　내가 세 번째 멘토로 생각하는 분은 현재 카이스트 부총장으로 재직하고 계신 주대준 박사님이다.
　2년 전 나는 서점에서 책을 고르던 중 ≪바라봄의 법칙≫이라는 책을 발견하게 되었다. 그 내용은 저자인 주대준 박사님의 어려웠던 성장과정과 그 여정, 그런 속에서도 믿음을 잃지 않고 꿋꿋하게 노력하여 청와대 경호실 차장까지 오르고 청와대를 변화시킨다는 내용이었다. 그 후 KAIST에서 박사학위를 받는 과정은 나에게는 그야말로 무한감동이었다. 최근 주대준 박사님은 KAIST의 부총장이 되었다.

　경남 산청군의 작은 산골 마을에서 태어난 그는 초등학교 2학년 때 부친의 사업실패로 가족과 함께 거제도로 피신하다시피 이사 가게 된다. 하지만 어려움 속에서도 형통의 길이 있듯이 그는 거제도에서 예수님을 영접하게 된다. 그는 예수님을 '주씨 아저씨'라 부르며, 어떠한 역경 속에서도 하나님을 바라보며 긍정을 선택하는 믿음의 용사로 살았다.

　초등학교 때 부친의 갑작스런 죽음으로 가정 형편이 어려워지자 고학으로 초·중·고등학교 시절을 보내면서도 단 한 번도 자신의 처지를 비관하거나 불평하지 않고 성실함과 믿음으로 자신이 나아갈 미래를 바라보며 준비했다. 성경 속 인물인 요셉을 역할 모델로 삼고, 요셉이 남의 땅 이집트에 가서 총리대신이 된 것처럼, 자신 또한 청와대에 가서 청와대를 변화시키고 결국은 지금 대한민국 최고학부인 카이스트의 부총장 자리에까지 오른 것이다.

　나는 힘든 일이 있을 때마다 이 책을 읽고 또 읽었다. 지금까지 여섯 번도 더 읽어서 이제는 그 내용을 거의 외우다시피 하게 되었다.

　이렇게 마음속으로 존경하고만 있던 어느 날, 그분을 정말 우연한 기회에 만나게 되는 행운이 찾아 왔다. 그날도 서점에서 책을 고르려고 이 책 저 책을 뒤적이고 있었는데 옆에서 책을 고르는 분의 얼굴이 왠지 처음 보는 모습 같지 않아 보였다. 고개를 돌려서 자세히 살펴보니 ≪바라봄의 법칙≫의 저자인 주대준 박사님이 아닌가. 나는 인사를 드렸고, 그분도 나의 인사를 반갑게 받아주셨다. 우리는 그 자리에서 많은 이야기를 나눴고 그 때부터 주대준 박사님은 나의 멘토가 되었다.

　주대준 박사님을 통하여 직장생활을 하면서 박사학위까지 딸 수 있구나 하는 가능성을 어렴풋이 터득했고, '나에게도 과연 그런 기회가 올 수 있을까?' 라는 생각을 하게 되었다.

　그러던 중, 나에게 또 다시 놀라운 일이 벌어졌다. 하나금융그룹의 회장이신 김승유 회장께서 글로벌 금융 리더를 양성하기 위해서, MBA를 보내겠다는 결정을 하셨다. 하나대투증권에 배정된 인원은 다섯 명이었다. 바로 뒤이어 KAIST, 서울대, 연대, 고대, 서강대 이렇게 다섯 개 학교가 대상 학교로 선정되었고, 나는 조금의 망설임도 없이 KAIST에 원서를 냈다. 너무나 기다려왔고 가고 싶었던 곳이었기 때문에 다른 사람들의 눈치를 볼 필요도 없었다.

　그리고 2010년 11월 3일 저녁 7시, KAIST eMBA에 최종 합격되었다는 소식을 듣는 순간 너무나도 감격스러워 곧바로 부모님께 전화를 드렸더니 어머님께서도 울먹울먹하시는 것이었다. 비록 45세의 늦은 나이지만 목표를 세우고 비전을 품었더니 그 꿈이 이루어 진 것이다. 10년 전의 누워서 TV를 보던 모습과 지금의 모습이 번갈아 떠오르면서 만감이 교차되었다.

주대준 박사님과의 인연은 거기가 끝이 아니었다. 지금은 같은 교회에서 앞뒤로 나란히 앉아 예배를 드리고 있으니 이건 아무리 생각해보아도 인연도 보통 인연이 아니라는 생각이 든다. 남녀 간, 부부 간에만 천생연분이 있는 건 아닌 모양이다.

이 책의 독자들은 누구나 헬렌 켈러를 기억할 것이다. 말 못하는 장애 외에도 시각과 청각장애를 가졌으나 그런 신체적인 결함을 모두 극복하고 세계 최초로 대학에서 학사학위를 받았을 뿐 아니라 독일어를 비롯한 5개국의 언어를 구사하며 장애인들의 인권신장을 위하여 노력한 사회사업가요, 여성인권운동가요, 유명한 작가요, 정치인이기도 한 사람이다. 프랑스 레지오도뇌르 훈장, 미국 대통령훈장, 등 많은 상을 받은 사람으로도 유명하다.

1880년 앨러버머의 터스컴비아에서 출생한 헬렌 켈러는 생후 19개월 되던 때 열병을 앓은 후, 소경에 귀머거리, 게다가 벙어리가 되었다. 7세 때부터 가정교사 앤 설리번에게 교육을 받고, 1900년에 하버드대학교 래드클

리프 칼리지에 입학하여, 세계최초의 정규대학교육을 받은 맹농아자(盲聾兒者)로 기록된 사람이다.

당시 유명 작가였던 마크 트웨인은 그녀에게 '삼중고(三重苦)의 성녀(聖女)'라는 찬사를 보냈다. 그녀의 노력과 정신력은 전 세계 장애인들에게 희망을 주었고, 다양한 활동으로 '빛의 천사'로도 불렸다.

1924년부터는 미국맹인협회에도 관계하였는데, 그 후로는 미국 전역 및 해외로 돌아다니며 하나님의 사랑과 섭리을 역설하여 맹농아자의 교육, 사회복지시설의 개선을 위한 기금을 모아 장애인들의 복지사업에 크게 공헌하였다.

그렇지만 우리들이 그녀를 더 많이 기억하는 이유는, 어린 시절부터 그녀의 몸과 마음이 되어준 진정한 멘토, 앤 설리반 선생님과 그녀와의 감동적인 관계 때문이다.

앤 설리반도 역시 무척이나 불운한 여성이었다. 어머니는 일찍 돌아가셨고 아버지는 알코올 중독자로 그녀는 일찍부터 보호소에 맡겨졌는데 얼마 되지 않아 동생마저 세상을 떠나게 된다. 앤은 이때의 충격으로 정신이상에 실명까지 하게 된다. 수차례 자살을 시도한 그녀를 병원에서는 더 이상 희망이 없다고 판정하여 지하의 독방으로 내려 보냈다. 이제 앤을 기다리는 것은 죽음뿐이었다.

그러나 그녀에게도 구세주 같은 멘토가 있었으니 바로 늙은 간호라 로라였다. 날마다 죽음만을 생각하며 발광하는 앤에게 로라는 극진한 헌신적 사랑을 보여주었다. 매일 매일 음식을 만들어가고 책을 읽어주자 마침내 2년이 지난 어느 날부터 앤이 서서히 변하기 시작하는게 아닌가. 어느 날 병원으로부터 정신적으로 정상이라는 판정을 받게 되고 시각장애인 학교에 들어간 앤은 그곳에서 열심히 공부하여 우등으로 학교를 졸업하게 된다.

그러던 어느 날 앤은 신문에서 '보지도 못하고, 듣지도 못하고, 말하지도 못하는 소녀를 돌보아 줄 가정교사 구함'이라는 구인광고를 보게 되고 마침내 헬렌 켈러의 가정교사가 되는 것이다. 당시 헬렌은 마치 야수와도 같았다. 닥치는 대로 집어던지고 광기를 부렸다.

앤은 마치 자기의 어린 시절을 보는 것만 같았다. 자신이 로라 선생님으로부터 받았던 대로 그녀는 헬렌에게 사랑을 전하기 시작했다. 그러기를 몇 년, 앤 선생님의 따뜻하고 헌신적인 사랑에 힘입어 헬렌은 비록 3중의 장애인이었지만 제대로 된 교육을 받을 수 있었고 마침내 장애인들뿐만 아니라 정상인들을 위해서도 훌륭한 업적을 많이 남기고 이 세상을 떠나게 되는 것이다.

멘토의 역할이 얼마나 중요한지를 보여주는 가장 대표적인 사례이다.

스티브 잡스로부터 배우는 교훈

스티브는 1955년 2월에 태어났다. 스티브의 친엄마는 대학원 학생이었고 스티브를 키울 처지가 못 되었다. 그래서 스티브는 양부모의 밑에서 키워진다. 하지만 양부모인 폴 잡스부부는 스티브를 친자식 이상으로 정성들여 키운다.

스티브는 중학교에서 학교생활에 잘 적응하지 못했고 패싸움을 하기 일쑤였다. 스티브는 어느 날 아버지에게 이렇게 말했다.

"아빠, 나 더 이상 학교에 다니지 않을 거예요."

어머니 클라라는 그 이야기를 듣고 남편을 설득했다.

"여보, 스티브가 비행청소년이 되도록 내버려 둘 수는 없지 않아요? 아무래도 다른 동네로 이사 가야 하겠어요."

그래서 스티브는 부모와 함께 교육여건이 더 좋은 로스 앨터스로 이사를 했는데 스티브는 그때부터 근처 실리콘밸리에서 젊은 엔지니어들과 자주 만나게 된다. 이것이 스티브가 일찍부터 전자제품에 눈을 뜨게 되는 동기가 되어서 사업가로 출발하는 첫 걸음이 되었던 것이다.

이렇게 보면 스티브는 어려서부터 좋은 멘토(부모)를 만난 행운아였다고 할 수 있다.

제 6 계명_ The Sixth Commandment

긍정적 자화상을 가져라

> "나는 이 지구상에 단 하나뿐인 존재이다. 어떤 기막힌 우연도 그렇게 다양한 요소들로 이루어진 절묘한 조합을 두 번 다시 만들어 낼 수 없다."
>
> **프레드리히 니체**

어느 여름, 장마가 끝난 뒤 나는 시골길을 걷다가 너무나도 아름다운 광경을 보고 그만 나도 모르게 아! 하는 탄성을 질렀다. 야트막한 고개 너머로 아름다운 무지개가 펼쳐진 것이 아닌가. 그건 정말 주님이 창조하신 위대한 작품이었다. 나는 위대하신 창조주 앞에 무릎을 꿇었다. 그리고 잠시 기도를 올렸다. 기도 중 나에게 이런 영감이 떠올랐다.

'나도 하나님이 손수 빚으신 창조물인데 어찌 내 인생의 단 일분이라도 허비할 수 있으랴.'

그것이 아마도 이십 몇 년 전, 내가 대학 1학년 때의 일이었을 것이다.

무지개 사건 직후 나는 보따리를 싸들고 경기도 파주에 있는 오산리 기도원으로 향했다. 그곳에서 작정하고 3박 4일 금식기도에 돌입했다. 그때까지 단 하루의 금식기도도 해 본 일이 없었던 내가 어떻게 그런 무모한 도전을 했는지, 그리고 그것을 감당해 냈는지 정말 지금생각하면 기적이라고 밖에 할 수 없는 일이었다. 그때 나는 밤을 새우면서 비몽사몽간에 하나님을 체험했고 확고한 내 인생관을 정립할 수 있었다. 그날 이후로 나는 인생에 불가능이란 없다고 늘 자신에게 말하며 살았다. 갑자기 모든 일에 자신감이 붙기 시작했다. 당연히 그 이후의 내 인생은 더욱 가치 있는 것이 되었다.

사실 과학적인 입장에서만 보면 그날의 무지개는 늘 우리들 주변에 있는 그저 평범한 자연 현상이었을지도 모른다. 그렇지만 그때에 내가 그런 영감을 받고 각오를 새롭게 했다는 것, 그리고 3박 4일간의 철야 금식기도를 감당했다는 사실은 결코 평범한 일이 아니었다. 그 사건 이후부터 나는 날마다 아침에 일어나면 이렇게 부르짖었다.

"나의 인생에 불가능은 없다."

"나는 가치 있게 인생을 살리라."

"단 일분, 일초라도 낭비하지 않으리라."

우리들은 자기 자신을 소중하게 생각하여야만 한다. 그 이유가 꼭 선인들의 가르침 때문만은 아니다. 여러분들은 혹시 이런 생각을 해 보지 않았는가? 우리의 몸은 얼마만큼의 가치가 있을까?

한 해부학자가 화학성분이라는 측면에서 인체를 분석해 보았다. 그에 따르면 보통 사람의 인체는 70% 정도의 물을 제외하면 별로 남는 게 없다고 한다. 인체를 구성하는 화학성분이라야 2.5kg의 칼슘, 500g의 인산염, 252g의 칼륨, 186g의 나트륨, 28g의 마그네슘, 28g의 철, 25g의 동, 정도라는 것이다.

그러면 그러한 화학성분을 가지고는 무엇을 만들 수 있을까? 그의 연구에 의하면, 비누 7장을 만들 수 있는 지방, 중간 크기의 못 하나를 만들 수 있는 철, 찻잔 7개를 채울 수 있는 당분, 닭장 하나를 칠 할 수 있는 석회, 성냥개비 2,200개를 만들 수 있는 인, 새끼 손가락만한 소금 덩어리를 만들 수 있는 마그네슘, 장난감 자동차 하나를 폭파할 수 있는 칼륨, 개 한 마리의 털 속에 숨어 있는 벼룩을 잡을 수 있는 유황… 뭐, 겨우 이 정도라는 것이다.

그러나 독자 여러분, 실망하기에는 아직 이르다. 우리에게는 정신이라는 불가사의한 능력이 있다. 여러분은 혹시 이런 생각을 해 보았을 것이다. 만약 우리 몸과 똑같은 컴퓨터를 만들려면 얼마나 정교해야 할까? 혹시 나와 꼭 같은 인간이 태어날 가능성이 있을까?

세상에는 참 사람들이 많다보니 이런, 어찌 보면 시시콜콜하다고도 할 수 있고 또 다른 각도에서 보면 엄청난 연구라고 할 수도 있는데, 연구를 한 사람들이 있다.

세계에서 가장 빠른 컴퓨터는 어느 나라의 어떤 컴퓨터일까? 지금까지는 미국의 '재규어'가 가장 빠른 컴퓨터로 초당 1,759조 회의 연산 능력을 갖고 있다고 한다. 그런데 2010년 11월 그 기록이 깨져버렸다. 중국이 새로 개발한 톈허(天河)호가 초당 무려 2,566조(兆) 회의 연산능력을 기록하면서 세계 제1의 슈퍼컴퓨터로 등극한 것이다. 중국 톈허는 미국 재규어보다 무려 1.5배 빠른 속도이다.

그러나 이 기록도 그리 오래 가지는 않을 것이란 전망이다. 2012년이 되면 미국에서 초당 무려 2경(京)회의 속도를 가진 컴퓨터를 선보일 예정이고, 이에 뒤질세라 일본도 수십조 원을 투자해 1경회에 이르는 컴퓨터를 개발할 것이라고 한다.

1경의 속도란 도대체 얼마나 빠른 것일까? 자그마치 10,000조의 속도에 해당된다. 1초당 무려 20,000조 회의 속도로 계산을 해 낸다니 정말 엄청나게 빠른 속도임에는 분명하다.

그러나 놀라지 마시라. 과학자들의 한결같은 주장은 그런 슈퍼컴퓨터조차도 우리 인간의 두뇌에는 상대가 되지 않는다는 것이다. 물론 단순한 계산 능력만을 가지고는 인간의 두뇌가 따라 갈 수 없겠지만, 인간의 두뇌에는 컴퓨터가 수행하지 못하는 능력이 있다. 바로 감정 처리 능력이다.

봄철에 핀 철쭉꽃의 향기를 맡고는 왠지 기분이 좋아지고 그해에는 무언가를 이룰 것 같은 새로운 힘이 불끈 솟아나고, 가을에 하늘거리는 코스모스를 보면 떠나간 옛 애인을 생각나게 하는 그런 컴퓨터, 된장찌개를 먹으면 돌아가신 외할머니의 따뜻한 손길이 그립고, 스파게티를 먹을 땐 함께 리포트를 고민하던 대학시절의 친구가 떠오르는 그런 컴퓨터를 개발해 낸다는 것은 사실상 불가능하다는 것이 과학자들의 공통된 견해이다.

물론 아직도 컴퓨터 공학자들이나 수학자들, 물리학자들은 계속 도전한다. 언젠가는 인간의 두뇌와 똑같은, 아니 인간의 두뇌를 초월하는 컴퓨터를 만들겠다는 꿈을 품고서. 여기서 내가 말하고자 하는 핵심은 우리들의 두뇌란 그만큼 정교한 것이며, 우리들은 이 세상 그 어느 것보다도 더 귀한 존재라는 사실이다.

사람들은 몇 억분의 1도 되지 않는 로또복권에 당첨되었다는 이야기에

와! 하면서 감탄한다. 그러나 생명공학자들이 계산해 낸 '나와 똑 같은 인간, 즉 생김새가 나와 똑같고 성품이 똑같고 유전인자가 일치하는 사람이 태어날 확률은 10의 10배, 100배, 1,000배, 10,000배⋯⋯ 이렇게 해서 밤낮으로 7년간을 0을 써야 한다는 것이다. 사실상 확률 0인 셈이다.

그런데도 당신은 자신을 책망하고 신세를 한탄하면서 세월을 죽일 것인가? 여기 자신의 존재에 대하여 확신을 갖지 못한 호랑이에 대한 재미있는 우화(寓話)가 있어 소개한다.

옛날에 어떤 호랑이가 자신이 호랑이라는 사실이 믿어지지 않았다. 그래서 동물이나 사람들에게 100번 질문을 해서 자기가 호랑이라는 확실한 대답을 들으면 정말 호랑이로 믿고 살기로 했다.

호랑이가 먼저 사슴에게 물었다.

"사슴아, 내가 호랑이가 맞니?"

그러자 사슴이 대답했다.

"맞습니다. 당신은 호랑입니다. 당신의 큰 덩치를 보면 몰라요?"

이번에는 토끼에게 물었다.

"토끼 양, 내가 호랑이가 맞나요?"

토끼가 눈을 동그랗게 뜨고 대답했다.

"그럼요, 당신은 호랑이가 틀림없어요. 당신의 불이 뿜어져 나오는 듯한 눈을 봐요, 당신은 틀림없는 호랑이라니까요."

이번에는 곰에게 물었다.

"곰 양반, 말 좀 묻겠소. 내가 호랑이가 맞소?"

그러자 곰이 대답했다.

"그럼, 호랑이가 맞고말고. 당신의 발과 발톱, 그리고 몸에 있는 줄무늬가 영락없는 호랑이 꺼잖아."

호랑이는 이렇게 99마리의 동물들에게 질문을 해서 그들로부터 모두 '호랑이가 맞다.'는 대답을 들었다. 이제 한 번만 더 확실한 대답을 들으면 평생 의심 없이 호랑이로 살아가기로 작정했다.

호랑이는 질문을 하면서 어느 새 38선 근처 비무장 지대까지 왔다. 그곳에서 보초를 서고 있는 북한군에게 마지막 질문을 했다.

"여보시오. 군인 아저씨, 말 좀 묻겠소. 내가 호랑이가 맞소?"

그러자 북한군이 호랑이를 한 번 흘깃 쳐다보더니 귀찮다는 듯이 말을 뱉었다.

"저리가라우! 이, 개 간나 새끼야!"

순간 호랑이는 심한 충격을 받았다.

"아! 내가 호랑이가 아니라 개새끼였구나."

이 말을 듣고 상심에 상심을 거듭하던 호랑이는 결국 낭떠러지에서 투신하여 자살을 하고 말았다고 한다.

이 얼마나 한심한 이야기인가. 물론 웃고 즐기자고 어느 사람이 지어낸 이야기임에는 틀림없겠으나, 우리들이 한 번 곰곰이 되새겨 보아야 할 가치가 있는 이야기이다.

영화 ≪슈퍼맨≫을 기억하는가? 크리스트퍼 리브가 슈퍼맨으로, 말론 브란드가 그의 아버지 역으로 나오는 코믹액션 영화이다. 첫 작품이 크게 히트하자 뒤를 이어 ≪슈퍼맨 II≫, ≪슈퍼맨 III≫, 그리고 ≪슈퍼맨 IV≫가 연속으로 나왔다.

주인공 크리스토퍼 리브는 영화를 통하여 하도 유명해져서 현실세계에서도 정말 슈퍼맨(Super Man - 超人)처럼 살았다. 어디를 가도 그를 크리스토퍼 리브로 알아주는 사람은 없었다. 그는 그냥 '슈퍼맨'이었다.

그랬던 슈퍼맨이 어느 날 하룻밤 사이에 갑자기 자기 몸 하나 제대로 가누지 못하는 전신마비 장애인이 된다. 말에서 떨어져 척주를 다친 것이었다. 그는 자살을 수도 없이 생각하였다. 슈퍼맨으로 초인간적인 힘을 발휘하여 수많은 사람들에게 희망과 용기를 주었던 그가 정작 자기 자신에게는 아무 것도 할 수 없음을 알고 절망에 빠져버린 것이었다. 음식을 먹을 수도 없었고 대소변을 가릴 수도 없었다. 산소 호흡기에 의지하지 않으면 숨조차 쉴 수 없게 된 것이다. 그러나 그는 죽을 수가 없었다. 절망할 수도 없었다. 왜냐하면 그가 병원에 입원해 있는 동안에 격려와 쾌유를 비는 편지가 전 세계에서 무려 3만5천통이나 도착하였기 때문이었다.

그는 다시 힘을 내어 그야말로 초인간적인 노력으로 자신의 장애와 싸웠다. 그리고 마침내 재기에 성공했다. 그 후 그는 비영리재단인 크리스토퍼 리브 재단을 만들어서 2억 달러의 연구비를 조성했고, 척추신경 재생연구를 본격적으로 후원하여 인류의 건강증진에 크게 기여하였다.

　2010년 11월에 '의족으로 103층 건물을 올라간 소년'의 소식이 전 세계에 전해지면서 진한 감동을 주었다. 미국 시카고에 사는 14세 소년 마이클 매카시는 선천적으로 두 다리가 없이 태어난 장애 소년이었지만, 그런 신체적인 결점을 의식하지 않고 꿋꿋하고 명랑하게 살아왔다. 그리고 장애인에게도 불가능은 없다는 진실을 깨우쳐주기 위해서 시카고에서 제일 높은 103층 윌리스 타워의 꼭대기까지 올라가기로 결심했다는 것이다. 독자들에게는 윌리스 타워라는 이름 대신 옛날 이름 '시어스 타워'가 더 친근할 것이다. 마침내 매카시는 의족에 의지한 채 2,019개의 계단을 오르는데 성공하였다. 이날의 행사에는 3,000명의 시민들이 참석하여서 매카시 소년에게 박수를 보내었으며 시카고 재활센터의 운영기금 100만 달러를 마련하였다고 한다. 두 다리 없이도 얼마든지 살아갈 수 있을 뿐만 아니라, 다른 사람들을 도울 수 있다는 사실을 안겨준 인간승리의 감동 드라마였다.

　가능성을 믿어주면 그 기대에 부응하는 결과가 일어난다는 이론이 있다. 바로 '피그말리온 효과 - Pygmalion Effect'이다. 피그말리온은 그리스 신화에 나오는 조각가의 이름인데 그 대략적인 내용은 이렇다.

　키프로스의 조각가 피그말리온은 여성을 혐오하는 사람이었다. 그는 평생을 독신으로 지내던 중 한 번은 상아로 여인상을 조각했는데 그 작품이 너무나도 완벽해서 그만 자신의 조각품과 사랑에 빠지고 말았다. 그는 날마다 그 조각품을 정성들여 목욕시켜준 후 옷을 입히고 손가락에는 보석 반지를 끼워주고 목에는 진주 목걸이를 걸어주었다. 마치 살아있는 애인을 다루듯 하면서 온갖 정성을 다하여 그 조각품을 보살폈다.

아프로디테 제전에서 자기의 임무를 훌륭히 끝낸 피그말리온은 제단 앞에서 간절히 기도했다.

"아프로디테 여신이시여, 저 상아 처녀를 제 아내로 점지해 주소서. 이렇게 간절히 기도합니다."

피그말리온의 정성에 감복한 아프로디테는 그의 소원을 들어주기로 하였다. 피그말리온이 집으로 돌아와 소파에 뉘어져 있는 조각품을 보자 그 몸에 생기가 도는 것 같아 보였다. 손을 만져보니 손에서 따듯한 온기가 느껴졌다. 피그말리온이 자신의 입술을 처녀의 볼에 살며시 갖다 대자 처녀는 수줍은 듯 얼굴을 살짝 붉히는 게 아닌가!

버나드 쇼(Bernard Shaw)는 이 신화에서 힌트를 얻어 1913년, 교육을 통해 인간을 변화시킬 수 있다는 주제를 다룬 희곡 ≪피그말리온≫을 발표했다. 이 희곡은 독신주의 언어학자 헨리 히긴스 교수가 빈민가의 꽃 파는 소녀를 언어교정을 통해 6개월 내에 귀부인으로 만들 수 있다고 친구와 내기를 하면서 결국 그녀와 사랑에 빠지게 된다는 이야기이다.

희곡 '피그말리온'을 영화로 만들은 ≪마이 페어 레이디≫에서 주인공 일라이자는 이렇게 말한다. 주인공 오드리 헵번의 대사이다.

"피거링 대령님이 아니었다면 저는 예의가 무엇인지 몰랐을 거예요. 그분은 저를 꽃 파는 아가씨 이상으로 대해 주셨지요. 히긴스 교수님에게는 저는 평생 꽃 파는 아가씨일 수밖에 없지만, 피거링 대령님에게 만은 아름답고 예의바른 숙녀랍니다."

이 피그말리온 효과를 입증하는 사례들은 무수히 많이 있다. 그중 가장 유명한 것이 하버드대학교의 심리학과 교수인 로젠탈 박사와 초등학교 교장 제이콥슨 박사가 공동으로 수행한 연구이다. 그들은 빈민들이 많이 거주하는 미국의 오크 초등학교 교사와 학생들을 대상으로 이 실험을 하여 그 이론이 사실임을 입증했다.

학년 초 담임교사들에게 몇 명의 학생 명단을 주면서, 이 아이들은 여러 가지 심리검사에서 잠재력이 매우 뛰어난 아이들임이 확인되었다고 알려주었다. 그리고 이 사실을 학생들이나 학부모들에게 절대로 알리지 말라고 신신당부했다.

그러나 이 아이들은 심리검사나 성적과는 아무런 상관이 없이 무작위로 추출된 아이들이었다. 그리고 1년 후에 학생들의 성적과 행동을 평가했다. 평가 결과, 1학년의 경우, 잠재력이 뛰어난 것으로 기대되었던 아이들은 IQ가 무려 24점이나 올랐으며, 다른 아이들에 비해 학교생활 전반의 변화가 훨씬 두드러졌다. 기대 집단의 아이들과 비교집단의 아이들은 원래 아무런 차이가 나지 않았는데 어떻게 이런 결과가 나타날 수 있었을까?

첫째, 교사들은 잠재력이 있다고 기대되는 아이들에게 더 많은 관심을 기울이게 된다는 것이다. 그리고 이런 교사의 태도는 의식적이든 무의식적이든 교사의 목소리, 표정, 몸짓을 통해 학생들에게 전달된다.

둘째, 교사들로부터 알게 모르게 받게 되는 관심과 배려는 학생들의 태도를 긍정적으로 변화시키고 학습동기를 유발한다. 결과적으로 학생들은 교사들의 기대에 부응하기 위해서 더 많은 노력을 기울인다.

셋째, 학생들이 더 많은 노력을 하게 되면 자연히 성적이 오르게 되고, 학생들의 성적이 오르니까 교사들은 자신들의 믿음이 옳았다는 사실을 확인하게 된다. 교사들은 학생들에게 더 많은 기대를 하게 되고, 그 기대는 또다시 학생들에게 고스란히 전달된다.

로젠탈 박사와 제이콥슨 박사는 자신들의 실험결과를 이렇게 요약하고 있다.

"교사가 우수한 학생이라는 기대를 가지고 가르치면 그 학생은 정말 우수하게 될 확률이 아주 높다. 교사는 마음으로 아이들을 조각하는 교실 안의 피그말리온이다."

여기서 나는 이런 제안을 하고 싶다. 이 피그말리온 효과를 우리들 자신에게 직접 적용해 보면 어떨까? 우리들 자신이 교사가 되고 우리들 자신이 학생이 되어보는 것이다. 자신에게 스스로 교사가 되어서 '너는 다른 아이들보다 더 뛰어나다. 너의 잠재력은 무궁무진하다.' 이렇게 속삭이는 것이나. 그리고 이번에는 자신이 스스로 학생이 되어서 '나는 다른 아이들보다 뛰어나다. 나의 잠재력은 무궁무진하다.' 이렇게 받아들이는 것이다. 이런 과정을 날마다 반복하다 보면 결국은 우리들 자신이 어느 사이에 우등생이 되어 있을 것이고 성공한 사회인이 되어 있을 것이다.

사람들이 호주의 닉 부이치치를 존경하고 그에게 성원을 보내는 이유는 분명 그의 외부적인 모습 때문은 아닐 것이다. 그는 사지가 없는 몸으로 태어났으면서도 그런 외부적인 여건에 굴복하지 않고 전 세계를 돌아다니면서 복음과 희망을 전파한다.

≪오체불만족≫의 주인공인 일본의 오토다케 역시도 마찬가지이다. 지금 세상에서 어느 정도 소양이 있는 사람들이라고 하면 오토다케를 보고 '불쌍하다.'라고 생각하기는커녕 오히려 당당한 그의 모습에 찬사를 보내

지 않는가. 사람들이 스티븐 호킹 박사를 존경하는 이유는 그가 금세기 최고의 물리학자이기 때문만은 아니다. 그가 걷지도 못하고 쓰지도 못하는 루게릭병이라는 몹쓸 병에 걸렸으면서도 자신을 원망하기는커녕 오히려 정상인들도 해 내지 못하는 엄청난 과학적 업적을 이룩해냈고, 또 그런 연구를 계속해 나가고 있기 때문이다.

스티브 잡스로부터 배우는 교훈

"처음 애플에 있을 당시, 좀 더 잘 할 수 있었을지도 모른다고 생각한 일이 많았습니다. 또 애플을 떠난 뒤에 일어난 일들 중에도 방향성이 잘못된 일들도 꽤 많았습니다.

하지만 그런 건 이제 아무런 상관이 없습니다. 옛날 일은 잊어 버려야지요. 지금 우리가 있는 곳은 바로 이곳입니다. 그러므로 우리는 앞을 보고 걸어가려 합니다. 중요한 것은 내일 무슨 일이 일어나느냐 하는 것입니다.

과거를 되돌아보며 '젠장, 그때 해고되지 않았으면 좋았을 걸,' 라든가 '거기에 계속 붙어 있었어야 해.' 또는 '이렇게 하는 게 좋았는데…' 아니면 '저렇게 했으면 더 좋았을 걸…'하면서 후회한들 지금 무슨 소용이 있겠습니까? 이제는 아무런 상관이 없는 '지난 일들'에 지나지 않을 뿐입니다. 그러니 함께 내일을 만들어 나갑시다. 더 이상 과거에 연연하지 말고."

– 2007년 《월스트리트 저널》 컨퍼런스에서 –

제 7 계명 _ The Seventh Commandment

실패를 두려워 말고 끈질기게 노력하라.

> "실패는 좋은 것이다. 그것은 삶의 자양분이다. 내가 선수들을 지도하기 위해 익힌 것들은 모두 실수를 통해서 터득한 교훈들이었다."
>
> **거스 히딩크**

사람은 누구나 실패를 경험하며 산다. 그러나 인생의 실패는 바로 이 실패를 만났을 때에 어떻게 대응하느냐 하는 태도에서 결정된다. 한 두 번의 실패에 주저앉는 사람은 실패자로 기록될 것이고, 열 번, 스무 번 실패도 두려워하지 않고 끈질기게 도전하는 사람은 성공한 사람으로 평가될 것이다. 누가 날보고 세상에서 가장 실패와 친숙한 사람을 두 명만 꼽아 보라면 나는 주저하지 않고 미국의 링컨 대통령과 발명왕 토마스 에디슨을 꼽을 것이다.

여기서 링컨이 생전에 얼마나 많은 실패를 경험했는지 연대기적으로 살펴보자.

1816년(7세) 그의 가족이 집을 잃고 길거리로 쫓겨났다.

1818년(9세) 어머니가 사망하였다.

1831년(22세) 첫 번째 사업에 실패한다.

1832년(23세) 주 의회에 진출하려고 시도하였으나 실패한다.

1832년(23세) 법률학교에 입학하려다 낙방.

1833년(24세) 두 번째 사업에 실패.

1834년(25세) 다시 주 의회에 진출 시도하여 성공한다.

1834년(25세) 약혼자가 갑자기 사망하여 결혼에 실패.

1836년(27세) 신경쇠약으로 병원에 6개월간 입원 치료.

1838년(29세) 주 의회 대변인 선거에 실패.

1840년(31세) 정부통령 선거위원에 출마하였으나 실패.

1840년(31세) 약혼녀 메리와 결별한 후 우울증으로 병원에 입원.

1842년(33세) 메리와 재결합하여 결혼한다.

1843년(34세) 하원의원 선거에 나갔으나 실패.

1846년(37세) 다시 하원의원 선거에 도전하여 성공한다.

1848년(39세) 하원의원 재선거에 출마하였으나 실패.

1849년(40세) 고향으로 돌아가 국유지 관리인이 되고자 했으나 실패.

1850년(41세) 아들 에드워드 폐결핵으로 사망.

1854년(45세) 상원의원 선거에 출마하여 실패.

1856년(47세) 부통령 후보 지명전에 출마하였으나 실패.

1858년(49세) 상원의원 선거에 출마하여 또 다시 실패.

1860년(51세) 미국 대통령 선거에 출마하여 당선되었다.

1862년(53세) 아들 윌리가 장티푸스로 사망.

1864년(55세) 첫째 딸이 죽었다.

그러나 그는 이런 모든 시련을 극복하고 마침내 미국 역사상 가장 위대한 대통령으로 성공한다. 여기서 그가 상원의원 선거에 패배한 뒤 하였다는 유명한 말을 다시 한 번 음미하여 보자.

"내가 걷는 길은 험하고 미끄러웠다. 그래서 나는 자꾸만 미끄러져 길 밖으로 넘어지곤 했다. 그러나 나는 곧 기운을 차리고는 내 자신에게 이렇게 말했다. '길이 약간 미끄러울 뿐이지 낭떠러지는 아니야.' 그리고는 다시 기운을 차렸다."

링컨은 생애동안 너무나도 많은 슬픔과 고난을 당했지만 한 번도 그것을 실패로 생각하지 않았다. 그리고 포기하지도 않았다. 물론 슬퍼하고 또 낙심한 적도 있었지만 언제나 그런 역경을 긍정적인 관점에서 보고 새롭게 출발하여 다시 도전했던 것이다. 그리하여 마침내 '미국 역사상 가장 위대한 대통령'이라는 찬사를 받게 된 것이다.

특허 건수가 1,000건을 넘는 역사상 가장 위대한 발명왕으로 꼽히는 토마스 에디슨. 우리는 토마스 에디슨에 대하여 얼마나 많이 알고 있는가?

그가 어려서부터 얼마나 엉뚱한 생각을 했는지 초등학교에 입학한 지 3개월 만에 선생님으로부터 '교육시키기에 부적합한 아이'라는 판정을 받고 학교에서 퇴학을 당했다고 한다. 교육 전문가라는 교장선생님도 학교를 방문한 장학사에게 에디슨은 '바보'라고 보고 했다는 것이다.

그 소리를 듣고 화가 난 어머니는 에디슨을 학교에서 자퇴시키고 집에서 사랑으로 키우며 아이의 잠재력을 북돋아 주었다는 이야기나, 달걀을 부화시켜 보겠다고 며칠 동안 계란을 가슴에 품고 잠을 잤다는 이야기, 신문팔이를 하면서 열차에서 실험을 하다가 불을 냈다는 이야기, 등등은 너무나 익히 알려진 이야기이다.

그가 발명해 낸 중요한 발명들을 다시 한 번 정리해 보자.

1868년(20세) 전기식 투표기록기

1870년(22세) 증권시세 표시기

1872년(24세) 4중 송수신기

1876년(28세) 탄소 송화기 → 현재의 전화기

1876년(28세) 축음기 → 현재의 오디오

1879년(31세) 탄소 필라멘트를 이용한 백열전등 → 현재의 각종 전등

1885년(37세) 무선전신 → 현재의 각종 무선통신 기기

1891년(43세) 활동사진 → 현재의 영사기

1896년(48세) X선 형광 투시기 → 현재의 각종 조형 의학기술의 원천

1909년(61세) 알칼리 축전지 발명 → 현재의 각종 배터리

그 밖에도 그의 발명품들을 열거하자면 끝이 없다. 금 시세 표시기, 영화 촬영기, 안전퓨즈, 적산전력계, 믹서, 건조기, 전기 철로, 유리 제조기, 평판유리 제조법, 동력 트랜스미션 정지장치, 철로신호시스템, 광석 분리

방법 및 기기, 전력배분시스템, 열자기 발생기, 전기철로용 트롤리, 확장가능 활차, 전기적 신호전달 방법, 전선 접합기, 전기자동차를 위한 프로펠링 기기…

그러나 여기서 우리들이 주목해야 할 부분이 있다. 사실 그의 발명품 중 대다수가 자신이 최초로 고안해 내고 시작한 것이 아니라는 점이다. 즉, 그의 발명품 중 대다수는 다른 사람들이 연구하다가 중도에 포기하거나 완성을 보지 못한 채 세상을 떠난 사람들의 것을 다시 시작하여 완성한 작품이라는 사실 말이다.

그 일례로 백열전구의 필라멘트는 영국 물리학자 조지프 스완이 최초로 발명에 성공한 것을 에디슨이 그로부터 특허권을 사들인 후 더욱 개발하여 '고 저항 탄소 필라멘트'라는 새로운 방식으로 특허를 출원한 것이다. 비로 이런 이유를 들이 많은 사람들은 에디슨을 빌명왕이라고 부르기보다는 유능한 사업가라고 부르는 것이 더 타당하다고 주장하기도 한다.

아래에 에디슨이 한 말을 들으면 이런 주장이 사실임을 알게 될 것이다.
"나의 연구는 이전 사람들이 멈추고 남겨 놓은 것에서 출발했지. 그들이 실패했다고 포기 했을 때가 사실은 바로 성공의 문턱이었어."

자, 이제 우리들에게 한 가지 의문이 남는다. 왜 다른 사람들은 위대한 발명가로서 역사에 기록되지 못했을까? 왜 에디슨만이 위대한 발명가로서 길이길이 후대에 그 이름을 남기게 되었을까? 그 이유는 바로 그들은 성공 직전에 다음의 실패가 두려워서 더 이상 도전을 하지 못했기 때문이다.

실패를 두려워하지 않는 사람의 이야기를 하면서 이 사람의 예를 들지 않는다면 말이 안 된다고 하는 사람들이 많을 것이다. 바로 KFC의 창업주 커넬 H. 샌더스(Colonel Sanders)의 이야기이다. KFC 매장 앞에 하얀 정장에 지팡이를 들고 서 있는 노인이 바로 커넬 샌더스이다.

샌더스는 어려서부터 매우 불운한 아이였다. 그의 나이 불과 6살에 아버지가 돌아가셨고 10살부터는 농장에서 일했으며 12살 때에는 어머니가 재혼을 하여 딴 남자의 곁으로 가 버렸다. 당연히 초등학교 교육도 제대로 받지 못했다. 그런 그에게 제대로 된 직장이 있을 턱이 있나. 어려서부터 그는 페인트 공, 영업사원, 주유소, 유람선, 식당 등, 일거리가 있는 곳이라면 어느 곳에서든지 일했다. 수도 없이 많은 직장을 전전하며 고생고생 하던 중 어느덧 그의 나이 60을 넘기게 되었다.

수도 없이 많은 실패를 거듭하던 그에게도 마침내 기회가 왔다. 어느 국도변에 레스토랑을 차렸는데 그의 치킨 요리가 맛있다며 고객들이 넘쳐나는 것이었다. 그러나 그런 기쁨도 얼마가지 못했다. 그 옆으로 고속도로가 생기자 국도를 이용하는 고객들이 하나 둘, 줄어들기 시작했다. 하는 수 없이 그는 점포를 정리하였다. 그때 그의 나이는 어언 65세였다. 모든 걸 정리하고 보니 남은 돈이라고는 달랑 105 달러뿐이었다. 잘 나가던 치킨점 사장이 하루아침에 또 다시 거지가 되어 버린 것이다.

그는 겨우겨우 낡은 트럭 한 대와 압력솥을 샀다. 레스토랑을 운영하면서 자신이 개발한 닭튀김 요리법을 팔러 다니기 시작했다. 잠은 트럭에서 잤고 면도는 휴게소의 화장실을 이용했다. 그렇게 2년 동안 트럭을 몰며 미국 전역을 돌아 다녔지만 그의 요리법을 사겠다는 사람은 없었다. 그래도 그는 사람들을 원망하거나 실망하지 않고 이렇게 중얼거리며 다녔다고 한다.

"내 치킨요리는 미국 제일이지. 여기서 포기할 수는 없어. 목숨이 붙어 있는 한 나는 계속 움직일 거야."

 낡은 트럭을 몰고 온 늙은 노인의 요리법에 귀 기울여 줄 사람이 없는 것은 어찌 보면 당연한 일이었는지도 모른다. 그러나 이 세상은 반드시 경제원리로만 움직여지지 않는다. 가끔씩은 하나님의 원리가 작동하기도 하는 것이다. 세상 사람들은 그런 일을 가리켜 '기적'이라는 말로 표현한다. 마침내 기적이 일어났다. 그의 요리법을 사겠다는 사람이 나타난 것이다.

 그가 69세를 바라보던 해의 추운 겨울 날, 무려 1,008번째 퇴짜를 맞은 후에 찾아간 콜로라도의 어느 레스토랑 사장과 첫 번째 계약을 체결하였다. 치킨 한 마리 당 4센트의 로열티를 받는 조건이었다. 켄터키 프라이드 치킨 1호점이 탄생하는 역사적인 순간이었다. 이렇게 출발한 KFC는 지금 전 세계 90여개 국가에 무려 18,000여개의 체인점을 둔 세계 굴지의 프랜차이즈 사업체로 성장하였다.

 이 사람의 이야기는 또 어떤가? 무려 5,126번씩이나 실패하고도 끝끝내 도전하여 마침내 5,127번째에 성공을 거머쥔 제임스 다이슨(James Dyson)의 이야기 말이다. 사람들은 그를 가리켜 '영국의 에디슨'이라고도 하고 '영국 산업계의 이단아' 또는 '영국의 스티브 잡스'라고도 부른다.

1947년에 태어나서 영국 왕립 디자인 학교를 졸업한 다이슨은 '시트럭'이라는 차량 운반선을 개발한 것을 비롯하여 볼배로(Ballbarrow)라는 정원용 수레를 개발하는 등, 수많은 기발한 제품들을 개발하였다.

제임스 다이슨은 평소에 진공청소기를 사용하여 오면서 불만이 많았다. 무엇보다도 먼지를 빨아들이면서 자꾸만 흡입력이 약해진다는 게 눈에 거슬렸다. 문제는 진공청소기 안에 들어있는 먼지봉투였다. 1979년 먼지봉투 없는 진공청소기를 개발하던 중 자신의 회사에서 쫓겨나게 된다. 스티브 잡스가 애플에서 쫓겨난 것과 똑 같은 상황이었다.

그래도 실망하지 않고 집 뒤 낡은 창고에 작업실을 만들고 거기에서 연구에 몰두한다. 이 먼지봉투 없는 진공청소기를 개발하기 위하여 그는 무려 1,100개의 특허를 취득하였다고 하니 그의 노력이 어느 정도인지 상상이 될 것이다. 마침내 먼지봉투가 없는 이중집진 방식의 진공청소기 프로토타입(시제품 전의 조잡한 샘플)의 개발에 성공한 그는 그것을 가지고 영국 전역을 돌아다녀 보았으나 어느 회사에서도 그의 아이디어를 사겠다고 나서는 곳이 없었다. 후버를 비롯한 세계적인 기업체도 찾아 다녔지만 번번이 퇴짜를 당하기 일쑤였다.

그들은 모두 다이슨의 기발한 아이디어는 칭찬했으나 그런 진공청소기를 만들 경우 먼지 봉투의 판매가 줄어들 것을 두려워했던 것이다. 그래도 다이슨은 포기하지 않고 끈질기게 돌아다녔다. 프로토타입을 개발한지 장장 5년이 지나고, 무려 5,126번이나 퇴짜를 맞고 나서야 마침내 일본의 한 회사에서 러브콜을 보내왔다. 진공청소기 한 개당 10%씩의 로열티를 받기로 하고 일본의 한 가전회사와 계약을 체결하는데 성공하게 되는 것이다.

새로운 진공청소기는 일본에서 날개 돋친 듯 팔려 나갔다. 다이슨의 진공청소기가 일본 시장을 석권하고 오히려 영국으로 역수입되자 그 제서야 영국 후버 사에서는 5년 전 다이슨의 아이디어를 거절한 실수를 땅을 치며 후회하였다고 한다.

자, 이번에는 포기하지 말라는 권고를 할 차례이다.

세계 제2차 대전을 연합국의 승리로 이끈 처칠경이 수상 직에서 물러난 후 옥스퍼드 대학교 졸업식에서 특별 강연을 하게 되었다. 대학생들은 전 세계 사람들의 존경을 한 몸에 받고 있는 처칠의 강연을 들으려고 구름처럼 몰려들었다.

마침내 강단에 올라선 노 정객은 잠시 안경 너머로 학생들을 둘러보았다. 이윽고 장차 영국을 이끌어 갈 젊은이들에게 세계적인 명연설을 시작하였다.

"포기하지 마라."

그는 다시 천천히 청중들을 둘러보았다. 그리고 한마디를 더 했다.

"절대로, 절대로 포기하지 마라."

청중들은 더욱 호기심어린 눈으로 이 노 웅변가의 다음 연설, 아주 멋지고 긴 명연설을 기대하였다. 그러나 그는 연단 위에 벗어 놓아두었던 중절모자를 들고 연단을 내려왔다. 그 자리에 모인 학생들은 그 제서야 연설이 끝난 줄 알고 모두 일어서서 우레와 같은 박수로 화답했다. 처칠의 옥스퍼드 대학교 졸업식 축하연설은 이렇게 단 1분 만에 끝이 났다. 그러나 그 연설은 지금까지도 전 세계를 통틀어 최고의 명연설로 사람들의 입에 오르내린다. 그러나 처칠은 구체적으로 무엇을 포기하지 말아야 하는 지에 관하여는 언급하지 않았다. 오히려 목적어를 생략함으로써 더 많은 가능성을 열어 놓았던 것이다.

자, 여기서 우리들이 곰곰이 생각해 보자. 무엇을 포기하지 말아야 할까? 어떤 상황에서라도 소중한 꿈을 포기해서는 안 된다. 인생의 목표를 포기해서도 안 된다. 용기를 포기해서도 안 된다. 종교적인 신념도 끝까지 간직해야 할 가치이다.

처칠의 충고대로 정말 우리들이 이 세상에서 포기하지 말고 끈질기게 노력해야 할 이유는 수없이 많다. 여기 그의 연설이 두고두고 최고의 연설이자 훌륭한 교훈임을 일깨워주는 사례들이 있다.

'세계적인 명작' 또는 '시대를 뛰어넘는 대작' 등, 온갖 수식어가 따라붙는 소설이 있다. 바로 마가렛 미첼의 소설 ≪바람과 함께 사라지다≫이다. 이 글을 쓴 마가릿 미첼은 처음부터 인기 있는 작가가 아니었다. 남북전쟁 종군기자였던 미첼은 전쟁터에서 부상을 당하고 고향인 애틀랜타에 들어와 휴양을 하고 있었다. 그 휴양 기간 중에 구상한 소설이 '바람과 함께 사라지다' 이다.

미첼이 5년 동안 심혈을 기울여 완성한 후 원고를 들고 여기저기 출판사를 찾아 다녔지만 어느 출판사도 관심을 기울여주지 않았다. 그도 그럴 것이, 무명작가의 소설을, 더군다나 1,300쪽이 넘는 대작을 출판한다는 것은 어느 출판사에게나 큰 모험이기 때문이었다. 그래도 미첼은 낙심하지 않고 여러 출판사를 찾아다녔다. 그러는 사이 아무런 성과 없이 7년이란 세월이 흘러버렸다.

그런데 어느 날 신문을 보는데 '뉴욕 최대의 출판회사인 맥밀란(McMillan)의 레이슨 사장이 애틀란타에 왔다가 기차로 돌아간다.'는 간단한 기사가 눈에 띄었다. 이 기사를 본 미첼은 원고 보따리를 가지고 역으로 달려갔다. 그리고 막 승차를 하려는 레이슨 사장에게 보따리를 건네주면서 이렇게 부탁했다.

"사장님, 이건 제가 쓴 소설인데 읽어 보시고 관심 있으시면 꼭 연락을 해 주십시오."

그러나 레이슨 사장은 원고 보따리를 선반 위에 집어던지고는 관심조차 두지 않았다. 기차를 타고 두 시간쯤 왔을 때 열차의 차장이 전보 한 장을 갖다 주었다.

"레이슨 사장님, 원고를 읽어보셨습니까? 아직 안 읽으셨다면 첫 페이지라도 읽어 주십시오. 미첼 올림"

그가 전보를 받고서도 별 관심 없이 또 한참을 왔을 때, 다시 같은 내용의 전보가 날아왔다. 그래도 레이슨은 관심을 갖지 않았다. 그 후 또 두 시간이 지난 뒤 세 번째 전보가 배달되었다. 그제야 레이슨은 '도대체 그 여자가 무슨 이야기를 썼기에 이토록 야단인가?' 하는 생각에 원고 보따리를 풀어서 첫 페이지를 읽기 시작했다. 그는 곧바로 책의 내용에 빠져 들어갔다. 책에 너무나 깊이 몰두된 나머지 기차가 뉴욕 역을 지나쳤다는 사실조차도 모르고 있었다.

이렇게 어려운 진통을 겪고 빛을 보게 된 ≪바람과 함께 사라지다≫는 출판되자마자 파란을 일으켰다. 나중에는 영화로까지 제작되어 불후의 명작으로 남게 되었다.

≪바람과 함께 사라지다≫는 원체 명작이다 보니 여기에 관련된 일화도 수없이 많다. 소설이 원체 인기를 끌자 곧바로 영화화가 결정되었다. 이 일화는 1940 ~ 1950년대를 주름잡았던 유명한 여배우 비비안 리(Vivien Leigh)와 관련된 이야기이다.

비비란 리가 ≪바람과 함께 사라지다≫의 주인공을 뽑는다는 말을 듣고 감독을 만나러 갔다. 그러나 감독은 비비안 리의 연약한 체격을 보고 주인공 역할에 어울리지 않는다면서 다음에 기회가 되면 부르겠다고 했다. 자신이 스칼렛 오하라 역에 꼭 맞을 것이라고 기대에 부풀어 있던 비비안 리는 실망하여 고개를 숙였다.

그러나 그녀는 '이번에 내가 뽑히지 않은 것은 더 좋은 배역이 나를 기다리고 있다는 뜻이야.'라고 생각하며 얼굴을 번쩍 들고 웃으며 이렇게 말했다.

"다음에는 꼭 제게 맞는 배역을 주시기를 바랍니다."

그 말을 마치고 그녀는 당당하게 자신이 들어왔던 문을 향하여 고개를 들고 걸어갔다. 바로 그 순간, 감독이 소리 지르며 비비안 리를 불러 세웠다.

"그래, 그거야. 타라의 흙을 움켜잡고 '태양은 내일 또다시 떠오른다.'고 부르짖는 스칼렛 오하라 역이 바로 그 모습이란 말이야!"

인도 출신으로, 영국과 프랑스에서 별다른 이름도 없이 연극무대나 전전하다 미국으로 건너온, 그야말로 별 볼일 없는 무명배우가 아카데미 여우주연상을 두 번씩이나 수상하는 세계적인 명배우로 재탄생하는 순간이었다.

어려울 때 기운을 북돋아 줄 이야기들을 모아 책으로 만들고자 하는 두 남자가 있었다. 어렵사리 원고를 마무리하였다. 책의 제목도 ≪Chicken Soup for the Soul≫이라고 아주 멋들어지게 붙였다. 그러나 그 원고를 들고 책으로 만들어 줄 출판사를 찾으러 아무리 다녀도 가는 곳마다 퇴짜였다. 둘은 무려 삼년 동안을 쫓아다녔지만 그들이 찾아간 서른세 군데 출판사에서 모두 거절당했다.

그래도 이 청년들은 포기하지 않았다. 꼭 돈을 벌어야 하겠다는 욕심보다는 자기들의 작품이 이렇게 어려운 때에 좌절하고 있는 사람들에게 용기를 북돋아 줄 것이라는 믿음이 있었기 때문이었다. 게다가 계속 거절만 당하니 오기도 발동했다.

마침내 하늘도 감동을 했는지 서른네 번째 출판사에서 연락이 왔다. 결과가 어떻게 됐을 것 같은가? 서른세 군데 출판사의 예상은 모두 빗나갔다. 그 책은 그야말로 대박에 대박을 쳐서 1993년에 출판된 이후로 전 세계에서 무려 5천만부도 더 팔렸다. 우리나라에서는 ≪내 영혼의 닭고기 수프≫라는 제목으로 출간되어서 역시 100만부가 훨씬 넘는 판매부수를 기록했다. 더 중요한 것은 그 이후로 출간된 책들 역시도 모두 베스트셀러가 되어서 지금까지 두 사람이 저술한 책들의 누적판매 부수가 무려 1억 5천만권이 넘는다는 이야기이다.

지금도 세계 150개가 넘는 국가에서 그들의 책이 50개 이상의 언어로 번역되어 판매된다. 만약에 그때 두 사람이 세른 세 번째의 시도를 마지막으로 포기하였다면 어떻게 되었을까? 이것이 바로 미국의 (지금은) 유명한 카운슬러이자 강연자인 잭 캔필드와 마크 빅터 한센의 스토리이다.

독자 여러분들은 누구나 ≪해리포터≫ 시리즈의 작가 조앤 롤링을 기억하고 있을 것이다. 그녀의 삶 역시도 끈질긴 도전의 연속이었다.

조앤 롤링은 1965년 영국 웨일즈의 치핑 소드베리라는 작은 마을에서 태어났다. 그녀의 젊은 시절은 비참하기 이를 데 없었다. 대학을 졸업한 후 잠시 포르투칼에서 영어강사로 취직을 하면서 지내던 중 마음에 맞는 남자를 만나 결혼하였으나 남편의 폭력에 시달리다 못한 그녀는 딸아이가 4개월 되었을 때 남편과 이혼한 후 스코틀랜드의 에딘버러로 돌아오게 된다.

몇 군데 직장을 잡았으나 얼마 못가 해고되곤 하였다. 문제는 그녀의 상상력이었다. 업무시간에도 멍하니 있으면서 상상의 나래를 펼치며 일에 전념하지 않으니 어느 누가 좋아하겠는가. 어렸을 때부터 그녀는 상상하는 것을 즐겨 했다고 한다. 친구들과 이야기 할 때면 늘 입버릇처럼 '만약에 우리가 OOO이 되었다고 생각해 봐.'라고 말하곤 하였다는 것이다.

그녀는 공동묘지를 자주 갔다. 공동묘지에서 묘비에 적힌 글을 읽기도 하고 때로는 자신이 그 무덤의 주인이 되어서 이런저런 상상의 나래를 펼치기도 했다. 조앤 롤링의 책에 유난히 무덤과 죽은 사람들의 이야기가 많이 나오는 것은 다 이때의 추억 대문이다. 그런 하층민의 삶을 살아가던 중 어느 날 번뜩 자기 자신에게 이런 질문이 떠오르는 것이었다.

"내 인생을 이대로 끝낼 수는 없지 않아?"

어렸을 때 가슴 속에 품었던 문학소녀의 꿈이 되살아나기 시작했다. 갑자기 글을 쓰고 싶어졌다. 런던으로 돌아 온 그녀는 어느 날 유모차를 끌고 철길 옆을 지나던 중 맞은편에서 달려오는 기차를 보았다. 그때 그녀의 머릿속에는 마법의 기자가 떠올랐나.

조앤 롤링은 런던 뒷골목의 허름한 카페 니콜슨의 구석자리에 앉아서 하루 종일 글을 쓰기 시작했다. 한손으로는 칭얼거리는 아이의 유모차를 흔들어 주면서 미친 듯이 글을 써 내려갔다. 정말 이렇게 어려운 역경 속에서 탄생한 이야기가 ≪해리포터≫ 시리즈이다. 고아 소년 해리 포터가 친척집에 맡겨져 천대받다가 마법 학교에 입학하면서 마법사 세계의 영웅이 된다는 줄거리이다.

그러나 원고 뭉치를 들고 아무리 다녀도 그녀를 반겨주는 출판사는 없었다. 대개의 출판사들이 공통적으로 지적하는 이유는 '어린이들이 읽기에는 너무 길고 지루하다.'는 것이었다. 그러나 조앤은 포기하지 않았다. 포기한다는 것은 곧 굶어 죽는다는 말이나 다름없었다. 열두 번째 출판사에서 퇴짜를 맞고 드디어 열세 번째 출판사와 계약이 되었다. 계약금 1,500파운드를 손에 쥔 그녀는 뛸 듯이 기뻐했다. 그러나 그것은 그녀의 행운의 아주 작은 시작에 불과했다.

지금까지 그녀의 책은 7권이 연속으로 시리즈로 나왔는데 전 세계 65개국 언어로 번역되어 200여개 나라에서 무려 5억 권이 넘는 판매 기록을 세웠다. ≪해리포터와 혼혈왕자≫는 발매 첫 날에만 단 하루에 700만부가 팔렸다. 성경책 다음으로 가장 많이 팔린 책이라는 영예도 얻었다.

조앤 롤링은 2008년 미국 하버드 대학교의 졸업 축사를 맡는 영광을 얻었다. 그녀는 장차 전 세계에 엄청난 영향을 미칠 수재들을 앞에 두고서 이렇게 말했다고 전해진다.

"여러분들이 하버드 대학교의 졸업생이라는 사실은 곧 실패에 익숙해 있지 않다는 뜻도 됩니다. 앞으로 성공에 대한 열망만큼이나 실패에 대한 두려움이 여러분들의 삶을 좌우할 것입니다. 인생에서 몇 번의 실패는 피할 수 없습니다. 실패 없이는 진정한 자신도 알 수 없고, 진정한 친구도 사귈 수 없습니다. 이런 사실을 아는 것이 여러분들의 재능이고 그 어떤 자격증보다 가치 있는 일인 것입니다."

실패가 다른 어떤 자격증보다도 더 값어치가 있다는 조앤 롤링의 말은 자칫하면 머리만 똑똑하고 의지가 나약할 수도 있는 젊은이들에게 꼭 필요한 충고라고 생각된다. 그렇게 볼 때 그녀가 ≪해리 포터≫를 써서 세계 최고의 유명인이 되었다는 사실은 결코 우연이 아니다.

자신의 현재 처지를 비관하고 자신을 하찮은 존재라고 생각하지 말라.

절대로 처음 먹은 마음을 포기해선 안 된다. ≪바람과 함께 사라지다≫와 관련된 두 명의 여인에게서 그 생생한 산 증거를 보지 않았는가. 조앤 롤링의 반전 스토리도 있지 않는가.

위의 예가 모두 외국에서 일어난 일이기 때문에 아직도 실감이 나지 않는다고? 그렇다면 이번에는 아주 비슷한 한국의 예를 들어 보겠다. 여기 한국 출판계에서 널리 회자되고 있는 이야기가 있다.

2000년이 막 시작되는 1월의 일이었다. 마포의 어느 출판사 앞 허름한 삼겹살집에서 50대의 출판사 사장과 젊은이 하나가 고기 판을 앞에 놓고 마주 앉았다. 밖은 금방이라도 눈이 올 것처럼 잔뜩 찌푸린 날씨, 젊은이는 실망이 가득한 얼굴로 사장이 따라준 소주잔을 집어 들고 있었다.

"사장님, 어떻게 좀 안되겠습니까?"
"글쎄… 요즘 책을 내 달라는 원고는 많아도 모두 마땅치가 않단 말이야."
"그래도 제 작품은 실화를 중심으로 쓴 감동적인 이야기인데요."
"그런 이야기들이야 그저 그렇고 그런 평범한 세상사인데 요즘 누가 거기에 관심을 갖겠나? 자, 그래도 먼 곳에서부터 여기까지 찾아 왔으니 고기나 더 먹어. 어서, 술 들라고."

청년은 계속 아쉬운 듯 사장에게 사정을 해 댔지만 사장은 창밖만을 응시하며 술잔을 기울일 뿐이었다. 이런 저런 이야기를 꽤 많이 했지만 정작 알맹이가 있는 이야기는 하나도 없었다.

밖으로 나오자 드디어 눈발이 뿌려대기 시작했다. 청년은 사장에게 작별 인사를 하고 뚜벅뚜벅 걷기 시작했다. 축 처진 어깨에 손에는 원고뭉치가

든 가방을 들고서. 그런데 바로 그 고기 집에서 이들의 대화 내용을 주의 깊게 듣고 있던 사람이 있었다. 그는 아주 작은 신생출판사의 사장이었다. 그가 앞서가던 청년을 불러 세우고는 그 원고를 자신에게 보여줄 수 없느냐고 해서 마침내 그 원고는 어느 이름도 없는 출판사의 젊은 사장에게로 넘어갔다. 이런 우여곡절 속에 탄생한 작품이 공전의 히트에 히트를 거듭한 ≪OOO≫이라는 책이다.

이 책은 정말 평범한 사람들의 평범한 이야기이다. 그런데 그것이 어찌어찌하여 사람들에게 '감동적'이라고 입소문을 타기 시작하면서 출판 후 5년 사이에 시리즈로 세 권의 책이 나오고 누계 판매부수 3백만 권이라는 경이적인 히트를 친 것이었다. 그 작품으로 인하여 청년이 유명작가가 된 것은 말할 것도 없고, 그 출판사도 이름조차도 없던 별 볼일 없는 신생출판사에서 중견출판사로 우뚝 자리매김하게 되고 버젓한 본사 사옥까지 건축하게 되었다는 이야기이다.

포기하고 싶은가? 주저앉고 싶은가? 지금이 바로 그 순간이다. 레이슨 사장이 원고를 펴 보는 그 순간, 플레밍 감독이 당신을 부르는 그 순간, 제2의 조앤 롤링이 탄생하려는 그 순간, 구원의 손길이 당신의 어깨를 치는 바로 그 순간!

자, 이제 우리 모두도 실패의 구덩이에서 뛰쳐나와 다시 한 번 불가능이라는 대문을 힘차게 밀어보자.

스티브 잡스로부터 배우는 교훈

스티브 잡스도 실패를 경험했을까? 물론이다. 그는 리사를 시장에 내 놓던 1983년부터 애니메이션 영화 ≪토이스토리≫가 성공하기까지 무려 12년간을 암담한 실패의 미궁 속을 헤매고 있었다.

자신의 첫 딸인 리사의 이름까지 붙여서 만드는 컴퓨터였기에 그의 애착은 엄청났다. 그러나 막상 시장에 내어 놓고 반응을 살펴보니 소비자들의 반응은 예상을 뒤엎고 싸늘하기만 했다. 처음 나왔을 때 몇 달 간만 반짝 인기가 있었을 뿐이었다. 그도 그럴 것이, 스티브 잡스의 완벽주의를 실현하려고 하다 보니 당초 1,000 달러를 목표로 했던 시판 가격은 무려 $9,999 짜리가 되어 버리고 만 것이다.

그 다음으로 개발한 매킨토시 PC도 참남한 실패로 끝났나. 경쟁사인 IBM의 제품보다 가격이 비싼 것이 문제였으며 실제로 사용할 수 있는 응용프로그램이 별로 없다는 것 역시도 문제였다.

연이은 참담한 실패로 결국 스티브 잡스는 애플의 이사회로부터 축출당하는 수모를 겪어야만 했다. 애플이 어떤 회사인가? 차고에서 단돈 $1,000로 시작하여 미국에서 실리콘 밸리의 상징이 되었고 벤처기업의 신화가 되었던 기업이다. 애플은 정말 스티브 잡스 자신의 분신이요, 혼이라고 해도 과언이 아닐 정도였다. 자기의 피땀이 얼룩진 회사에서 자기가 영입한 이사들에 의해서 축출당하는 스티브 잡스의 심정은 죽고만 싶었을 것이다. 그러나 그는 후일 당시의 심경을 이렇게 토로하였다.

"그때는 몰랐지만 애플에서 해고당한 일은 제 인생 최고의 사건이었습니다. 애플에서 나오면서 '성공해야 한다.'는 중압감을 떨쳐버릴 수 있게 된 거죠. 다시 옛날처럼 새롭게 시작할 수 있다는 홀가분한 마음가짐을 갖게 되었다는 말이죠. 애플에서 쫓겨난 사건은 정말 가슴 아픈 일이었지만, 또 다른 한 편으로는 제게 쓴 약과도 같은 치료제였죠."

마음을 다잡은 스티브 잡스는 다시 그 옛날처럼 차고에서 새로 시작한다는 마음으로 도전했다. 그리고 대학의 실험실이나 중고등학교에서 쓸 수 있는 실험용 컴퓨터를 개발하겠다는 의지로 NeXT라는 회사를 설립하고, 또 ≪스타워즈≫로 잘 알려진 루커스 감독으로부터 컴퓨터 그래픽 사업부를 인수하여 Pixar라는 회사를 설립하였다.

그러나 두 회사 모두 자신의 뜻대로 운영되지 않았다. 설립한지 몇 년이 되었어도 넥스트와 픽사는 돈 먹는 하마처럼 끝없이 돈만을 빨아들일 뿐이었다. 그래도 그는 포기하지 않았다.

누가 쥐구멍에도 볕들 날이 있다고 했던가? 드디어 픽사에서 만들은 단편영화 ≪틴 토이≫가 성공을 거두자 상황은 급속도로 유리하게 전개되기 시작했다. 스티브 잡스는 그 여세를 몰아 장편 애니메이션 영화 ≪토이 스토리≫를 만들게 되고 1995년 크리스마스 시즌에 개봉된 ≪토이 스토리≫는 순식간에 전 세계 영화시장을 석권하며 그동안의 모든 실패를 일시에 회복시켜 주었다. 3D 기법으로 만들은 ≪토이 스토리≫의 위력은 대단했다. 그 영화는 전 세계에서 무려 4억 달러에 가까운 수입을 올려 주었다.

후일 그는 한 언론과의 인터뷰에서 이렇게 회고했다.

"1989년은 정말 제게는 갈림길이었습니다. 넥스트건 픽사건 포기를 해야 하느냐, 말아야 하느냐의 갈림길 말이죠. 그렇지만 저는 희망 쪽에 주사위를 던졌습니다."

픽사의 주식공개로 그는 또 다시 억만장자의 대열에 서게 되었다. 주식공개로 그에게 들어 온 돈은 지난 12년간의 모든 손실을 만회하기에 충분한 엄청난 금액이었다. 그는 재기를 통하여 '스티브 잡스가 여전히 건재하다.'라는 사실뿐 아니라, 실패를 두려워하면 안 된다는 강력한 메시지를 전달하였다.

제 8 계명 _ The Eighth Commandment

주어진 일에 최선을 다하라.

> "회사원 시절, 나는 단 한 번도 월급쟁이라고 생각해 본 적이 없었다. 내가 몸담은 회사이니 당연히 내 회사라고 생각했다. 그리고 최선을 다했을 뿐이다."
>
> **STX 강덕수**

하버드대학 신학부를 졸업한 유명한 신학자이자 종교사상가인 랄프 월드 에머슨은 '이 세상에 열정 없이 성취될 수 있는 일은 아무 것도 없다.'고 하였다. 150여년의 세월이 흘렀지만 그의 말은 지금도 변함없는 진리이다. 인생에서 성공한 사람들은 어느 누구도 예외 없이 주어진 일에 최선을 다했던 사람들이다. 독자 여러분들도 적당히 또는 대충대충 요령피우며 세상을 살아온 사람들 중에 성공했다는 사람을 만나 본 적이 없을 것이다.

"하늘은 현재의 삶을 태만하게 보낸 것을 만회하도록 두 번째 삶을 허락하지 않는다."

누구의 말인가? 저명한 정치가이자 교육자이며 철학자인 미국의 제2대 대통령 토머스 제퍼슨의 말이다. 그렇다. 인생은 단 한 번뿐이다. 그러므로 우리가 매일 매일의 삶을 얼마나 열심히 살아야만 하는지는 구태여 많은 선배들의 예를 들 필요조차도 없지 않을까?

여기에 두 가지 사례를 소개한다. 첫 번째는 우리 시대에 인생을 치열하게 살며 주어진 일에 최선을 다한 사람의 이야기이고, 두 번째는 주어진 일을 태만히 하여 엄청난 재앙을 불러일으킨 150년 전 사람들의 이야기이다.

요즘 우리나라 재계를 바짝 긴장시키며 승승장구하는 기업군이 있다. 바로 강덕수 회장이 이끄는 STX 그룹이다. 2010년 매출 30조원(추정)에 재계서열 12위인 STX 그룹은 출범한 지 아직 채 10년도 안된 신생그룹으로, 125년의 역사를 자랑하는 두산그룹(재계 11위)을 뒤에서 바짝 추격하고 있다. 이제부터 그의 성공신화를 추적하여 보자.

총 사령탑을 맡고 있는 강덕수 회장은 남들이 말하는 세칭 SKY로 대표되는 서울대, 고려대, 연세대 와 같은 명문대 출신이 아니다. 동대문상고를 거쳐 명지대학교 경영학과를 졸업한, 어느 모로 보나 학력으로는 별로 내세울 것이 없는 그가 어떻게 대한민국 재계서열 12위의 STX 그룹 회장이 되었을까?

그는 대학을 졸업한 후 쌍용그룹에 들어갔다. 2000년 당시 몸담고 있던 쌍용중공업이 퇴출위기에 몰리자 자기가 받은 스톡옵션 1,000주에 평생 모은 재산을 모두 쏟아 붓고 살고 있던 집까지 팔아서 인수자금 20억 원을 가까스로 마련한 것이다. 나이 51세에 재벌의 2세도 아닌 샐러리맨 출신으로 모든 것을 다 쏟아 부어 세상에서 아무도 거들떠보지 않았던 회사를 인수한다는 것이 얼마나 무모해 보였을까. 그러나 그는 자신이 청춘을 다 바쳐서 봉직해 온 회사가 이대로 주저앉는다는 게 너무나 안타까웠다.

자신의 눈에는 회사의 회생가치가 충분하다고 판단되었던 것이다.

그는 우선 회사의 사명부터 바꾸었다. 참신하면서도 도전적이고 진취적인 STX(System Technology Excellence)로 바꾸면서 사명에 걸맞게 급속도로 사업을 키워갔다. 그의 경영철학은 수직계열화에 의한 사업 확장이었다. 먼저 쌍용중공업의 선박용 엔진 부분을 따로 떼어내어 STX 엔파코를 설립했다. 해운과 조선을 주력 기업군으로 키워나가기로 작정한 것이다.

가장 먼저 법정관리 중이던 대동조선을 인수하여 'STX해양조선'으로 키웠다. 2001년의 일이다. 당시 대동조선은 주인이 다섯 차례나 바뀌는 동안 아무도 거들떠보지 않던 천덕꾸러기였다. 그러나 강덕수의 날카로운 눈은 대동조선의 선박건조 능력과 STX 엔파코(쌍용중공업)의 선박엔진 생산능력을 하나로 묶을 경우 엄청난 시너지효과가 있을 수 있다는 사실을 간파했다. 그의 예측은 멋지게 적중했다.

다음 해인 2002년에는 산단열병합발전을 인수하여 'STX에너지'란 새로운 사명으로 출범시켰다. 2004년에는 그룹 전체의 규모보다도 오히려 더 큰 범양상선의 인수에 성공한다. 인수금액만도 자그마치 4,000억 원이 넘는 대규모 인수합병이었다. 범양상선을 'STX팬오션'이라는 사명으로 그룹에 편입시키자 드디어 조선+해양의 그룹 색채가 뚜렷하게 나타나게 되는 것이다. 범양상선 인수 당시 STX 그룹은 42억 달러의 수주잔고와 3년 치 일감을 확보하고 있었기 때문에 인수자금에 어려움도 없었다.

강덕수 회장을 M&A의 귀재라고 부르게 된 동기가 바로 노르웨이의 조선회사 아커야즈를 인수한 사건이다. 설립한 지 채 10년도 안된 신생기업이 세계최대의 크루즈선 건조회사를 M&A 한 사건은 전 세계를 놀라게 하기에 충분했다. 크루즈선 건조 사업은 선박단가가 일반 컨테이너선의 7~8배에 달하는 고부가가치 산업이다. 따라서 모든 조선소들이 군침을 흘리는 사업이지만 고도의 기술과 오랜 노하우가 축적되어야만 가능한 업종이기도 하다. 모두가 망설이고만 있던 이 사업을 강덕수 회장의 배짱이 일시에 해결해 버린 것이다.

사명을 'STX유럽'으로 바꾼 아커야즈는 드디어 2007년 세계 최대의 크루즈 선박을 건조하여 바다로 내 보냈다. 바다위의 오아시스라는 뜻의 'Oasis of the Seas'라는 배로 8,500명이나 되는 승객을 싣고 22노트(시속 약 40km)로 달릴 수 있다. 이 배는 길이만도 360m이고 축구장 3개 크기와 맞먹으며 선실수가 무려 2,700개에 이르는 그야말로 초호화 유람선이다. 생각해 보라. 서울시내 중심가에 있는 조선호텔이나 플라자호텔의 객실 수가 500개 미만인 것을 감안한다면 그린 호텔 5개보다도 더 큰 호텔이 몇 개월씩이나 바다 위를 떠다니는 배가 바로 '오아시스 오브 더 시즈'이다.

불과 10년도 안 되는 짧은 기간이지만 이제 STX 그룹은 20개의 계열사를 거느린 재계서열 12위권의 대그룹이 되었다. 그룹의 매출액도 2천억 원에서 30조 원으로 급성장했다. 일류대학 출신도 아닌 그가 국내외 유명대학의 엘리트 석사, 박사들을 포함하여 무려 4만 명을 휘하에 두게 된 비결은 무엇일까? 그의 어록을 살펴보면 그가 어떤 생각을 품고 있는지 알게 될 것이다.

"회사원 시절, 나는 단 한 번도 월급쟁이라고 생각해 본 적이 없었다. 내가 몸담은 회사이니 당연히 내 회사라고 생각했다. 그리고 최선을 다했을 뿐이다."

"똑 같은 시기에 비슷한 생각을 하는 사람은 많지만 그 생각을 실천에 옮기는 사람은 드물다. 나는 생각을 행동에 옮겼을 뿐이다. 기회는 도전하고 실천하는 자에게 주어지는 선물과도 같은 것이다."

"좋은 인재는 잘못된 전략으로도 좋은 효력을 발휘하게 하지만, 그렇지 않은 직원은 좋은 전략도 실패하게 만든다."

"비도불행(非道不行) : 길이 아니면 가지 않는다."

자, 이번에는 최선을 다하지 않은 사람들의 이야기를 할 차례다. 10여전 전에 또 다시 영화화되어 전 세계를 들뜨게 했던 영화를 기억하는가? 바로 제임스 카메론 감독의 영화 ≪타이타닉≫이다. 레오나르도 디카프리오와 케이트 윈슬렛이 열연하여 수억의 영화팬들을 즐겁고 또 슬프게 해 주었던 영화이다. ≪타이타닉≫은 그해 1998년 아카데미 상 11개 부문과 골든 그로브 상 4개 부문을 석권하며 기염을 토한다.

이제 이야기를 1912년 4월에 있었던 침몰 직전의 상황으로 되돌려보자. 후일 기록에 의하면 1,506명이나 죽은 이 세기적 대재앙은 충분히 회피할 수 있었던 사고였음이 판명되었다.

지금은 대한민국이 자타가 공인하는 조선대국이지만 당시는 '배'하면 영국 배요, '조선'하면 영국을 떠올리던 때였다. 그때에 영국에서 온갖 최신 기술과 정성을 기울여 만들은 배가 바로 '타이타닉 호'였다. 무려 46,000톤에 배의 길이만도 268m로 당시 세계에서 존재했던 어떤 빌딩보다도 더 큰 배였다.

완성되기 전부터 수많은 사람들의 관심을 불러 일으켰고, 이보다 더 안전하고 호화로운 배는 없을 것이라며 완성된 타이타닉은 드디어 1912년 4월 10일에 영국의 사우샘프턴 항을 출발하여 뉴욕을 향하여 떠나게 된다. 많은 귀족과 부호들이 경쟁적으로 승선한 이 배는 첫날부터 무도회가 열리면서 최고급 사교장이 되었다.

출항한지 사흘째 되던 날, 전보가 한 장 날아왔다.

"빙산과 충돌할 위험 있음. 항로 수정 바람."

이 전보를 받은 무선사는 다음과 같이 중얼거리면서 그 전보를 묵살해 버렸다.

"타이타닉 호를 어떻게 보고 하는 소리야. 빙산 같은 것은 조그만 목선들이나 겁내는 거라고."

승선하기 전부터 타이타닉 호는 너무나도 안전하다고 귀에 못이 박히도록 교육 받아왔던 무선사였기 때문이었다. 그로부터 얼마 후, 두 번째 전보가 도착하였다.

"항로를 수정하라니까 왜 수정하지 않고 있느냐?"

무선사는 그 전보마저도 찢어 버렸다. 1시간 후, 세 번째 전보가 도착했다. 그때서야 이 무선사는 선장에게 보고했다. 보고를 받은 선장도 같은 생각을 했다. 그러나 혼자 처리하기가 망설여진 선장은 선박회사를 대표해서 함께 승선하고 있던 전무에게 이 사실을 보고했다. 전무이사도 선장과 같은 생각이었던 지라 그 세 번째 전보마저도 묵살당하고 타이타닉 호는 비극을 향하여 한걸음 더 가까이 다가가게 된다.

얼마 후 네 번째 전보가 날아들었다. 그때서야 선장은 파수꾼 두 명을 망루에 올려 보냈다. 앞에 빙산이 있는지를 살펴보라는 것이었다. 파수꾼들이 망원경으로 전방을 살펴보았지만 빙산은 보이지 않았다.

"빙산은 보이지 않습니다."

이어서 선장의 지시가 떨어졌다.

"그래? 그럼 전 속력으로 달려!"

사실 그날 아침 타이타닉 호에서는 라이프보트 드릴(Life-Boat Drill)이라는 비상시 구명보트 타는 법의 훈련계획이 있었다. 그러나 선장은(Edward J. Smith) 4월 17일로 예정되어 있던 뉴욕 항 도착계획을 하루 앞당겨 세상 사람들을 놀라게 해 주려는 생각으로 그 훈련 계획을 일부러 취소시켰던 것이다.

밤 9시쯤 되었을 때 다섯 번째 전보가 왔다. 다급한 구조요청 전보였다.

"캘리포니안 호. 빙산과 충돌. 침몰직전에 있음. 구조요망!"

그 전보가 발신된 지점은 타이타닉 호와 얼마 되지 않는 거리였다. 이때까지만 해도 타이타닉 호는 침몰을 모면할 수 있는 기회가 있었는데도 그 무선사는 또다시 결정적인 실수를 했다. 캘리포니안 호와 타이타닉 호가 무슨 상관이 있느냐면서 그 전보마저도 찢어버렸다.

그렇게 계속하여 전속력으로 항진하던 중, 그날 밤 11시 10분경 망루에 올라가 있던 파수꾼(Fraderik Fleet)이 보고를 해 왔다.

"Iceberg Ahead! - 앞에 빙산이 보입니다."

부선장도 이 빙산을 목격했다. 많은 사람들이 갑판 위로 올라가보니 정말 거대한 빙산이 절벽처럼 앞에서 다가오고 있는 게 아닌가! 그러나 이미 전속력으로 달리고 있던 타이타닉으로서는 속수무책이었다. 뻔히 바라보면서도 어쩔 수 없이 정면충돌하였다. 그러나 그때까지도 배의 앞부분만이 약간 잘려 나갔고 16개 기관의 작동이 멈추었을 뿐 인명피해는 발생하지 않았다. 그러자 많은 사람들이 환호성을 질렀다.

"야, 역시 타이타닉이다."

선장이 방송을 했다.

"여러분, 안심하시기 바랍니다. 우리 배가 빙산과 충돌했지만 침몰되지는 않았습니다. 곧 다른 배가 와서 여러분들을 구조하여 뉴욕 항으로 안전하게 모시고 갈 것입니다."

다시 무도회가 시작되었다. 그러나 배는 조금씩 기울고 있었다. 그때서야 위험을 느낀 선장이 다시 방송을 했다.

"구명정으로 옮겨 타시기 바랍니다. 이 배는 위험합니다."

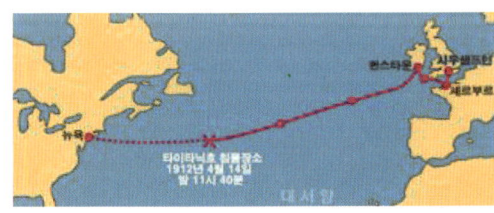

그러나 다이다닉호가 안전하다는 말에 쇠뇌 되어 있던 많은 승객들은 선장의 말을 믿으려 하지 않았다. 저까짓 작은 고무보트가 어떻게 이 큰 배보다 안전하겠느냐는 것이었다. 이렇게 해서 총 2,206명의 승선 인원 중 1,506명이 차디찬 북대서양의 바다 속에 빠져죽은 대 참사가 벌어지고야 만 것이다.

더욱 안타까운 사실은, 구명정으로 옮겨 탄 700여명은 모두 구조되었고, 나중에 확인된 사실이지만, 당시 구명정에 500명 정도가 더 탔어도 충분했다는 조사결과가 나온 것이었다.

몇몇 사람들의 안일한 생각과 자신의 일에 최선을 다 하지 않은 결과가 이렇듯 엄청난 대재앙을 불러올 줄이야 그 누가 상상이나 했을까. 우리 모두가 타이타닉이 주는 교훈을 타산지석으로 삼아야만 할 것이다. 그리고 언제 어떤 상황이 되더라도 최선을 다 하는 자세로 살아야 할 것이다.

주어진 일에 최선을 다 한다는 말은 주어진 일, 즉, 피동적인 의미의 일에 최선을 다한다는 말이 아니다. 여기에는 당연히 자기 자신이 선택한 일이 포함된다. 요점을 말하라면, 자기가 맡은 일은, 그것이 자기에게 주어진 일이건 본인 스스로 선택한 일이건 간에, 모름지기 최선을 다하여 그 일을 성사시켜야 한다는 말이다.

자기가 맡은 일에 최선을 다 한 사람의 이야기를 하면서 이분의 이야기를 꺼내지 않는다면 그것 또한 이상한 일일 것이다. 바로 명량해전과 관련된 충무공의 일화이다.

1592년부터 5년간 조선 전 국토를 잿더미로 만들었던 임진년의 전쟁은 소강상태를 보이고 있었다. 그러나 그것도 잠시, 조선은 1597년 정유년에 또다시 정유재란이라는 제2차 전란에 휩싸이게 된다.

원래 선조 임금은 이순신을 그다지 탐탁하게 여기지 않았다. 백성들이 이순신을 영웅시 하는 것도 못마땅했고 신하들의 계속되는 탄핵도 임금의 마음을 움직였기 때문이었다. 결정적인 사건은 부산의 왜군 진지가 조선군의 화공으로 불바다가 된 사건 때문이었다. 그 공은 원균이 세운 것인데 그것을 이순신이 가로챘다는 것이었다.

선조실록에 실려있는 1월 27일 어전회의의 분위기를 보면 임금이 이순신을 마땅치 않게 생각하고 있었다는 대목이 여러 군데서 발견된다.

윤두수(판돈녕부사): "…일이 있을 때마다 장수를 바꾸는 것은 좋지 않다 하더라도 이순신은 바꾸어야 할 것 같습니다."

선조: "나는 순신의 사람됨을 잘 모르오. 약간 똑똑한 모양이나 임진년(5년 전) 이후로는 싸우지 않고 지키려고만 들었소. … 원균으로 바꾸면 어떻겠소?"

이산해(영의정): "임진년에 원균의 공이 많았다고 들었습니다."

선조: "그렇게 앞장서서 싸우니 부하 병졸들이 본받는 것이 아니겠소."

유성룡(좌의정): "신의 집은 이순신의 집과 같은 동네라서 이순신을 잘 압니다."

선조: "서울 사람이오?"

유성룡: "그렇습니다. 남산 밑에서 자랐습니다."

선조: "글을 잘 하오?"

유성룡: "글도 잘하고 성품도 꿋꿋합니다."

선조: "그렇더라도 무장이 조정을 우습게 여기는 태도는 절대로 용서할 수 없소."

결국 그날의 회의를 통하여 이순신을 크게 벌주려던 선조는 중신들의 만류로 뜻을 이루지 못하고 일종의 '경고장'을 주고 조선 수군을 원균(경상도)과 이순신(전라·충청)의 두 장수에게 맡기기로 결정한다.

그러나 이순신을 미워하는 선조의 의중을 알아차린 선비들이 출세에 눈이 멀어 이순신을 모함하는 장계를 계속 올리게 되고 결국 이순신은 서울로 압송 당하게 된다.

그 자리를 대신하여 3도 수군통제사가 된 원균은 부산포에 집결한 일본군을 섬멸하려고 가던 중 오히려 일본수군에게 참패를 당하고 만다. 이것이 그 유명한 칠천량 해전이다. 물론 이 패전은 원균만의 잘못 때문만은 아니었다. 당시 전쟁을 전혀 모르면서도 무리하게 부산공략을 지시한 임금을 포함한 조정 중신들의 실책이 더 크다 할 것이다.

거북선 4척을 포함한 크고 작은 조선의 전선 4백 척이 총 동원된 임진년 이후로의 최대 해전인 칠천량 해전에서 원균은 18세 된 아들 원사웅과 함께 장렬한 전사를 한다. 조선 수군이 궤멸한 가운데에서도 경상우수사 배설이 12척의 전선을 끌어 모아 한산도로 도피시켰다. 사실은 장수가 전장을 이탈했으니 사형에 해당되는 죄목이다.

이런 어려운 때에 온갖 모함과 옥살이로 고생한 이순신은 다시 삼도수군통제사로 임명된다. 처음부터 삼도수군통제사로 복귀된 것도 아니었다. 장군의 모든 관직을 박탈당하고 일개 병졸로 백의종군하라는 명이었다. 백의종군의 명을 받은 것이 4월 초, 다시 삼도수군통제사로 임명된 것이 8월 초니까, 이순신은 근 4개월을 일개 병졸의 상태로 지냈던 셈이다. 선조실록에 적혀있는 임금의 장계를 다시 읽어보자.

"임금은 이에 이르노라. 우리나라가 믿고 의지하는 것은 오직 수군뿐이었거늘 하늘이 우리에게 화를 내리시어 마침내 3도의 수군이 단 한 번의 싸움에 전멸하였도다.

··· 중략 ···

경의 명성은 일찍이 드러났고 그 공은 임진년의 큰 승리로 만방에 떨쳤느니라. ··· 얼마 전 짐이 경을 백의종군토록 명하였으니 이 또한 사람의 지모가 부족함에서 나온 것이라. 그로 말미암아 오늘과 같은 패전을 가져왔으니 내 무슨 할 말이 있으랴.

 이제 상중에 있는 경을 평민의 신분에서 다시 충청, 경상, 전라의 삼도 수군통제사로 임명하노니 부임하는 날 우선 장병들을 위무하고 흩어진 군사들을 찾아내어 한데 모으고 장병들을 위로하라. 적 또한 경이 다시 바다에 나왔다는 소문을 들으면 감히 함부로 날뛰지 못하리라.

… 중략 …

 경은 더욱 충의지심을 굳게 하여 나라를 구제하기를 바라는 짐의 소망에 부응하도록 하라. 고로 이에 교서를 내리는 것이니 그리 알지어다."

 그러나 조정에서는 이렇게 교서를 내린 후에도 이순신이 재량껏 싸울 수 있도록 내버려 두지 않았다. 조선 조정에서는 이순신에게 수군을 버리고 상륙하여 육전을 전개할 것을 명한다. 예나 지금이나 입으로만 전쟁을 하는 사람들은 있기 마련이다. 그러나 이순신은 수군의 중요성을 설명하고 비록 12척뿐이지만 (尙有十二隻), 자신은 죽지 않았으니 왜군이 조선 수군을 함부로 업신여기지 못한다는 내용의 장계를 올리고 결전을 준비한다. 임금의 지시에 불복하여 그에 반대되는 의견을 올리는 행위는 곧 죽음을 의미한다. 그러나 이순신은 그런 것조차도 개의치 않았다. 거의 전멸한 수군이지만 자신은 수군을 이끌고 싸워야만 승리할 자신이 있었기 때문이었다.

 9월 15일 결전을 앞두고 이순신은 수하 장수들을 집합시킨 후, '병법에 이르기를 반드시 죽을 각오로 임하면 살 수 있고 반드시 살려고 한다면 죽게 된다(必死卽生 幸生卽死)고 했고, 한 명이 길목을 지키게 되면 1천명도 두렵게 할 수 있다.'는 오자병법을 설명하면서 부하들을 독려했다.

그는 결전의 장소로 울돌목을 선택했다. 지금의 해남과 진도 사이이다. 그곳은 곳곳에 암초가 많고 썰물 때는 조수가 서쪽에서 동쪽으로 흐르고, 밀물 때는 그 반대방향으로 흐르는 급류지대이다. 워낙 조수의 흐름이 빨라서 마치 우는 소리를 내는 듯하다하여 명량(鳴梁 - 울돌목)이라 불렸다.

마침내 이순신의 조선 함대는 단 12척의 배를 가지고 왜선 133척을 물리치는 쾌거를 이루게 된다. 왜장 마다시의 목을 베자 왜군들은 앞 다투어 도망치기에 바빴다.

이렇게 이순신 장군의 명량해전의 전후사정을 자세히 설명하는 데는 다 이유가 있다. 바로 그 당시의 충무공의 심경을 파악해보기 위함이다.

삼도수군통제사라면 오늘날의 해군참모총장이나 제2함대(서해), 제3함대(남해)의 통합 함대사령관에 해당하는 직책이다. 그런 그가 본인의 잘못도 없이 모함에 빠져서 서울로 압송되고 감옥에서 모진 고초를 겪고, 일개 병사로 강등되어 다시 전선으로 투입된다. 거기다가 바로 그런 시기에 어머니는 병으로 세상을 떠난다. 전선으로 복귀하던 중, 다시 삼도수군통제사의 직책을 맡으라는 어명을 받게 된다. 그러나 본인이 마음껏 싸울 수 있는 재량권도 없다. 한양의 고관들은 사사건건 이래라 저래라 하면서 왕을 움직여서 간섭하기 일쑤다.

당시 사람들의 효심은 지금 우리네가 부모를 생각하는 것과 비교가 되지 않을 정도였다. 형님 두 분도 모두 돌아가시고 바로 두 달 전에는 하나 남은 어머니까지 돌아가시고, 게다가 그런 개인적인 어려운 상황에서 감옥에서의 옥살이까지 하였으니… 우리네 보통 사람들 같았으면 '더러워서 못해 먹겠다.'고 그만 두었을 것이다.

그러나 충무공은 자기에게 맡겨진 일에 최선을 다했다. 내려가면서 급조하여 긁어모은 군사들과 남아있는 열두 척의 전선으로 왜군의 대 함대와 맞섰다. 그리고 세계 해전 사상 유례가 없는 대승을 거두었다.

이것이 바로 주어진 일에 최선을 다하는 사람의 마음가짐이다. 상황이나 여건이 제대로 갖추어졌을 때 좋은 결과를 내는 일이야 누군들 못하겠는가. 그러나 '주어진 일에 최선을 다 한다.'는 말은 상황이나 여건의 좋고 나쁨에 관계없이, 오히려 그것이 최악의 상황일지라도, 그런 속에서조차도 자기의 온 마음과 힘을 다 하여 좋은 결과를 이끌어 낸다는 말이다.

스티브 잡스로부터 배우는 교훈

"무덤속에 누워있는 부자 따위에는 관심이 없습니다. 밤에 잠자리에 들었을 때 멋신 일을 이루었나고 말할 수 있는 것, 그것이야말로 가장 중요합니다."

제 9 계명_ The Ninth Commandment

독서하라.

"책은 사람을 만들고 사람은 책을 만든다."

신용호

동서고금을 막론하고 CEO든 국가지도자든 성공한 사람들의 공통된 특징 두 가지를 꼽는다면 다독(多讀)과 긍정적 사고일 것이다. 정주영 현대그룹 창업자나 링컨 대통령의 경우처럼 정규교육을 거의 받지 않았어도 당대에 그렇게도 엄청난 일을 해 내고 후대에 길이길이 추모를 받게 된 원동력은 다름 아닌 독서의 힘이다.

일본 소프트뱅크의 손정의 회장도 엄청난 책벌레였다고 한다. 재일동포 사업가인 그는 20대에 질병으로 병원에 3년간 입원해 있었는데 이때 무려 4,000권에 달하는 도서를 읽었다고 전해진다. 그는 그 기간 동안 자신의 인생철학을 정리하였으며 세상을 살아갈 지혜와 용기를 얻었다는 것이다. 생각해보라. 3년에 4,000권이면 1년에 1,333권, 즉 매일 서너 권씩의 책을 읽었다는 이야기가 아닌가. 그것도 하루 이틀이 아닌 3년 동안 계속 말이다. 그렇게 젊은 시절부터 독서 실력으로 지식을 쌓고 철저히 무장하고 살았기에 재일동포라는 차별을 딛고 일본 제일의 거부가 될 수 있었던 것이다.

나폴레옹 역시도 책읽기에 거의 광신자 정도의 열의를 보였다고 한다. 학자들에 의하면 그는 평생에 8,000권 정도의 책을 읽은 것으로 알려지고 있다. 오죽 책을 좋아했으면 이집트 원정길에도 책을 실은 마차가 뒤따랐다고 하는가. 지금부터 약 200년 전이라면 요즘처럼 책이 흔하지 않았던 때이고 또 대부분의 책이 양피지나 두꺼운 파피루스로 만들어졌기 때문에 책의 부피 또한 엄청났을 것임이 분명하다.

나폴레옹이 생전에 중국에 했다는 말, 단 두 마디만 들어보면 그의 통찰력의 깊이를 짐작할 수 있을 것이다.

"여기 거인이 잠들어 있으니 그대로 내버려 두라. 그가 깨어나는 날, 전 세계가 놀랄 것이니까."

이 말은 그가 1803년에 했다고 전해진다. 그해라면 영국과 전쟁을 벌이고 있을 때였으며, 황제에 즉위하기 1년 전의 일이다. 그는 또 워털루 전투에서 패배하여 세인트헬레나 섬에 유배된 후 이런 말을 남겼다고 전해진다.

"중국이 잠에서 깨어나는 날, 전 세계가 벌벌 떨 것이다."

나폴레옹은 생전에 중국 땅을 밟아 본 일이 없다. 그런 그가 어쩌면 이렇게도 정확하게 200년 후의 일을 예측해 낼 수 있었을까? 그 해답은 아무래도 그의 '엄청난 량의 독서습관'에서 찾아야 할 것이다.

삼성그룹의 창업주인 이병철 회장 역시도 엄청난 독서가였다. 어린 시절부터 지켜온 그의 독서습관은 그의 마지막 날까지 이어졌다. 그가 가장 즐겨 읽었던 책은 다름 아닌 ≪논어≫였다. 이병철 회장은 공자와 그의 제자들의 대담을 간접적으로 경험하면서 기업을 경영하는 지혜, 더 크게는 세상을 살아가는 지혜를 구했던 것이다. 논어와 같은 고전과 함께 그가 가장 즐겨 읽었던 또 다른 장르는 다름 아닌 소설이었다. 그는 소설을 통하여 사람과 사람과의 관계를 파악하고 그 지식을 기업경영에 활용하려고 했던 것이다. 이병철 회장이 임원들에게 자주 했다는 이야기를 다시 들어보자.

"인간은 아무리 정상이라고 해도 선과 악, 합리와 불합리, 본능과 이성을 겸비하고 살아간다네. 아무리 선량한 사람이라도 어느 순간엔가는 악의 유혹을 끊을 수 없고, 반대로 아무리 사악한 사람이라도 어느 날 갑자기 선량해 질 수 있다는 말이지. 그런 경험을 간접적으로 해보기에는 소설만한 게 없지."

선친의 습관은 그대로 2세, 3세에게 이어진다. 이건희 회장 역시도 다독가이며 그의 딸 이부진 호텔신라 부사장도 집무실을 '작은 도서관'이라고 부를 정도로 책으로 가득 채워 놓았다.

나 역시도 책을 무척 많이 읽는 편이다. 나의 집 서재에는 3,000권 가까운 책이 있다. 매달 50권 정도의 책을 새로 구입한다.

우리들의 인생은 한정되어 있다. 20대 중반부터 사회생활을 시작한다면 그저 제대로 활동할 수 있는 시간이라고 해 보아야 아주 길게 잡아서 50년 정도일 것이다. 그 기간 동안에 우리들이 경험을 한다고 해 보아야 얼마나 많은 경험을 할 것이며, 사람들을 만난다고 해 보았자 얼마나 많은 사람들을 만날 것인가. 그런 시간과 공간의 부족함을 채워주는 도구가 바로 책이다. 책을 통해서 우리들은 동양과 서양, 그리고 옛날과 현재를 넘나들며 선인들의 경험과 지식을 고스란히 전수받는 것이다.

나는 출근길 운전 중에 차가 신호에 막히면 옆에 펴 놓은 신문의 헤드라인을 대충 읽는다. 즉, 차 안에서 오늘 읽을 신문의 주요기사를 머릿속으로 스크랩하는 것이다. 그리고 사무실에 도착하면 중요기사를 제대로 읽어서 그날 필요한 시사와 경제 상식, 그리고 세상 돌아가는 이야기를 습득한다.

젊은이들이 가장 존경하는 인물, 가장 닮고 싶은 인물은 누구일까? 항상 그런 조사를 하게 되면 다섯 손가락 안에 드는 사람이 다름 아닌 안철수 키이스트 석좌교수이다. 1962년생이니까 이제 겨우 50에 접어 든 나이이다. 그런 그에게 서울대 의대 박사, 펜실배니아대 MBA, 스탠퍼드대 MBA 등 화려한 학력과, 한국과학기술원 석좌교수, 포스코 이사회 의장, 안철수연구소 의장 등의 화려한 오늘이 있기까지 도대체 무슨 비결이 있었던 것일까? 그 해답은 무엇보다도 다독을 통한 지식의 습득이 가장 큰 성공비결이었다고 한다. 그가 기자에게 던진 한마디가 그야말로 촌철살인이다.

"준비가 안 된 상황에서 오는 기회는 오히려 불행이라고 생각해요."

어떤 준비? 바로 지식으로 무장한 준비를 말한다. 평소에 많은 독서를 통하여 착실하게 쌓아 둔 동서고금(東西古今)의 폭 넓은 지식 말이다.

≪미래의 충격≫, ≪제3의 물결≫, ≪권력이동≫등으로 유명한 석학 앨빈

토플러와 기자와의 인터뷰 장면을 잠시 들여다보자.

　기자: "선생님은 어떻게 '세계적인 미래학자'라는 명성을 얻게 되셨습니까?"

　토플러: "좋은 습관 덕이지요. 내가 어려서부터 지금까지 제일 소중하게 생각하는 습관은 딱 두 가지 밖에는 없어요. 그 하나는 '책 읽는 기계'라는 소리를 들을 정도로 맹렬하게 책을 읽은 겁니다. 그것도 지난 수십 년의 세월을 단 하루도 빼 놓지 않고요. 그리고 또 하나는, 어느 나라를 가던지 그 나라를 찬찬히 살펴보려고 노력하는 겁니다. 아주 자세히요. 사람들의 표정 같은 것을 유심히 본답니다. 이런 나의 습관이 내게 미래를 예측할 수 있는 힘을 부여해 준 것이지요."

　분권화, 민영화, 권한위임, 지식노동자, 학습조직, 목표관리, 수평조직 등, 오늘 날 우리들이 일상적으로 쓰는 경제용어들을 최초로 개념화하고 정립한 학자는 누구였을까? 바로 세계적인 석학 피터 드러커이다. 2005년에 작고한 그는 생전에 ≪단절의 시대≫, ≪미래기업≫, ≪자본주의 이후의 사회≫, ≪21세기 지식경영≫ 등, 무려 50여 종이 넘는 베스트셀러를 집필하였을 뿐만 아니라 미국의 정책결정에도 크게 기여한 인물이다.

　그는 자신이 단순히 경영학자로 불리기보다는 오히려 '사회생태학자'라고 불리는 것을 더 좋아했다. 그만큼 그의 지식은 기업경영이나 경제활동을 뛰어 넘어서 인간의 행동이나 사회의 제반 문제점의 원인을 밝히는 분야까지 폭 넓게 확장되었던 것이다.

　그런 그의 무궁무진한 지식은 어디에서 나오는 것일까? 그의 지식의 원천도 다름 아닌 독서였다.

　자신의 회고에 의하면 피터 드러커는 독서계획을 철저히 세워서 독서를 했다고 한다. 가령 예를 들면, 한 해는 중세의 유럽 미술사, 다음 해는 르네상스 시대의 과학발전사, 또 다른 해는 1900년대 초기의 전쟁사… 이런 식이었다는 것이다.

　드러커도 원래부터 이런 독서광은 아니었고 한다. 그가 18세 되던 해, 베르디의 오페라 팔스타프(Falstaff)에 엄청난 충격을 받았다. 음악의 도시 비엔나에서 태어나고 성장하면서 많은 음악을 듣고 나름대로는 음악에 꽤 지식이 있다고 생각하던 드러커였지만, 그날의 연주는 그야말로 생동감이 펄펄 넘치는 그런 작품이었다. 더군다나 당시 나이가 80세인 베르디가 연주 후에 한 인터뷰 기사는 그를 경악시키기에 충분했다. 어느 기자가 물었다.

　"선생님은 80세의 고령이시고 또 이미 세상에 널리 알려진 작곡가이신데 굳이 힘을 들여서 새로운 곡을 발표할 필요가 무엇입니까?"

　"나는 평생을 음악가로 살아오면서 항상 완벽을 추구하였지요. 그러한 목표는 언제나 나를 흥분시켰다오. 그래서 나는 죽는 날까지 더 완벽한 작품을 발표하려고 하는 것이라오."

　당시의 심경을 드러커는 후일 이렇게 실토하였다.

　"베르디는 이미 18세 때에 세상에 널리 알려진 음악가였지요. 그렇지만 나는 같은 나이에 앞으로 무엇을 해야 할지 아무런 목표조차도 없었어요. 그때에 나는 베르디의 그 말을 내 평생의 좌우명으로 삼기로 했다오. 바로 목표를 세우는 일과 완벽을 추구하는 일, 그 두 가지를 말이오."

수십 년간을 목표를 세우는 방식으로 독서를 해 온 덕에 그는 '살아있는 도서관'이 되었고, 후일 전 세계인들로부터 '경영학의 대가'라는 찬사를 받게 되었던 것이다. 그의 업적을 높이 평가한 미국 캘리포니아의 클레어몬트 대학은 1987년 경영대학원의 이름을 아예 '피터 드러커 경영대학원'으로 개명하기까지 했다.

세계 제일의 명문대학은 어디일까? 아마도 독자 여러분들은 주저 없이 하버드대학을 꼽을 것이다. 맞는 말이다. 그러나 노벨상을 제일 많이 배출한 대학교는 하버드가 아니라 시카고에 있는 시카고 대학교(University of Chicago)이다. 사람들이 시카고 대학교를 '노벨상 왕국'이라는 애칭으로 불러주는 이유도 바로 그 때문이다. 시카고 대학교에서는 지금까지 노벨상 수상자를 무려 80명 가까이나 배출하였다. 어떻게 하여 이런 일이 가능하게 되었을까? 바로 독서교육 때문이다.

시카고대학교는 역사적으로나 위치상으로나 하버드, 프린스턴, 예일, MIT 등, 동부 명문들에 밀릴 수밖에 없었다. 시카고 대학교는 역사가 불과 120년 밖에 되지 않는다. 1890년에 설립된 후 그저 그런 학교로 40여 년간 명맥을 유지하여 오던 중 1929년 당시 30대의 젊은이인 로버트 허친스 박사가 총장에 취임하게 된다.

총장으로 취임한 허친스 박사는 미국의 기계중심, 직업교육 중심의 교육이 잘못되었다고 보고 우선 교양교육을 강화하는 차원에서 고전 100권 읽기 운동을 펼쳤다. 학생들에게 분야, 연도, 국적에 관계없이 가장 훌륭한 고전 100권을 필독하게 함으로써 영원불변의 진리를 탐구하도록 한 것이다. 위대한 인물들을 고전 속에서 만나고 그들을 역할 모델로 삼아 훌륭한 인격자가 되라는 뜻에서였다.

그가 총장으로 재임하는 15년 동안 줄기차게 추진해온 인성교육, 교양교육의 성과로 시카고 대학 동문 중에서 엄청나게 많은 숫자의 노벨상 수상자가 나오게 된 것이다. 학교 측에서 체육관을 헐고 그 자리에 도서관을 짓는 정도의 열의를 보이자 전 세계에서 공부벌레라는 우수한 학생들이 대거 몰려들었다. 시간이 지나 그들이 모교의 교수가 되었고 우수한 연구 성과를 내어 인류에 공헌하고 노벨상의 수상자라는 영광을 얻게 된 것이다.

2010년 중국 상해에서 세금을 제일 많이 낸 외국기업은 어디일까? 정답은 미국의 GE도 아니고 인텔도 아닌 바로 한국기업 이랜드라고 한다. 우리에게는 헌트, 쁘렌따노, 언더우드 등의 브랜드로 친숙한 기업이다. 중국 내 매출액 1조원을 돌파한 이 기업은 중국 전역에 3,600개의 매장을 운영하며 계속 승승장구 중에 있다. 매출액 대비 영업 이익률이 무려 30%에 달한다니 그저 놀라울 뿐이다. 도대체 전자제품이나 통신기기를 판다면 모를까, 섬유나 의복과 같은 패션제품을 팔아서 어떻게 그런 엄청난 이익을 실현할 수 있는지 도저히 이해가 되지 않기 때문이다.

2010년이 다 끝나가는 12월 23일에 이런 신문기사가 났다. 이랜드에서는 회사 순익의 10%를 적립해 두었다가 정년퇴직하는 직원들에게 노후 생활 자금으로 매월 지급할 계획이라는 것이다. 지금까지 기업체에서 스톡옵션이나 퇴직위로금 같은 제도는 있었지만 회사의 이익을 저축해 두었다가 퇴직한 직원들에게 주는 제도는 이랜드가 처음이라고 한다. 이랜드 측에서는 이 제도는 2012년에 퇴직하는 직원들부터 대상이 되며, 그들이 평생 지급받게 되는 돈이 총 7억 원 정도나 될 것이라고 발표하였다. 다른 회사에서 근무하는 월급쟁이들에게는 입이 딱 벌어지는 뉴스가 아닐 수 없다.

도대체 어떻게 이런 파격적인 뉴스가 계속해서 나올 수 있을까? 거기에는 기독교주의의 경영이념과 더불어 '독서경영'이라는 마법이 숨어 있다. 그 마술을 총지휘하는 사람은 이랜드의 창업자인 박성수 장로이다. 이 책의 한정된 지면으로 인하여 그의 성공 스토리를 다 살펴볼 수는 없으나 그가 중국에서 성공할 수 있었던 이유만이라도 살펴보자.

그 성공의 원동력은 최고인력주의와 철저한 시장조사였다. 이랜드 중국 법인에는 10년 이상씩 근무한 중국 통들이 허다하다고 한다. 또 이랜드의 직원들은 대다수가 중국의 읍 단위까지 30시간 이상씩 기차를 타고 가서 철저한 시장조사를 했다고 한다. 이랜드 중국 디자인센터에서는 매주 북경이나 상해 도심가에서 지나다니는 사람들의 사진을 수천 장씩 찍어 와서 그것을 놓고 유행의 변화를 시시각각 파악한다고 한다.

그러나 그것만이 이랜드 성공신화의 전부는 아니다. 이랜드에는 타 회사에는 없는 독특한 부서가 있다, 바로 독서부(讀書部)이다. 독서부에서는 매달 10권씩의 책을 선정하여 직원들에게 독서를 권장해 준다. 그 모두가 박성수 회장이 직접 읽어보고 추천한 책이란다. 그는 한 권의 책을 선정해 주기 위해서 무려 열권 이상의 책을 읽는다고 한다. 추천도서도 그저 막연한 것이 아니라 초급도서, 중급도서, 고급도서의 3단계로 구분하여 준다고 한다.

평소에 지독한 독서습관이 배어있지 않으면 이랜드에서 승진은 거의 불가능하다. 권장도서도 그냥 재미로 읽는 정도가 아니라 그 내용을 샅샅이 파악해야만 한다는 것이다. 직원들은 독후감을 써 내고 독서부의 평가를 거쳐야 하며 이 자료는 후일 인사고과에 반영된다. 직원들은 회사 일 하랴 한 달에 10권씩 의무적으로 책 읽으랴 정말 코피가 터질 지경이지만, 그래도 어느 누구하나 불평하는 사람이 없다고 한다.

박성수 회장은 하루에 일하는 시간이 대략 두 시간 정도로 다른 기업군의 회장들에 비하면 그다지 많다고 할 수 없다. 그 대신 나머지 시간을 대부분 독서를 하면서 사업구상과 직원교육 방법을 연구하고 있다. 이처럼 이랜드의 성공 배경에는 '독서'라는 키워드가 자리하고 있는 것이다.

이현정이라는 사람이 있다. 서울대 학사, 미국 일리노이 박사, 펜실베니아의 와튼 스쿨 MBA를 거쳐 AT&T, 벨연구소, 루슨트 테크놀로지 등에서 근무했다. 우리나라에서는 삼성전자 최초의 여성임원으로, 그리고 ≪대한민국 진화론≫이라는 책의 저자로 더 잘 알려져 있는 사람이다. 그녀의 성공 비결에도 '독서'는 빠지지 않는 단골메뉴이다. 그녀의 말을 들어보자.

"나는 뉴스 광(狂)이다. 잠자리에 들기 전 거의 모든 일간지를 훑어본다. 신문이야말로 그 사회의 지표라고 생각하기 때문이다. 언론의 자유가 없는 나라에서도 마찬가지이다. 언론의 자유가 없으니 언론에 보도되지 않는 것 자체가 그 사회를 보여주는 것 아닌가. 기사뿐만이 아니라 광고도 유심히 살펴본다. 광고를 보면 무엇이 그 사회 대중들의 주된 관심사인지를 금방 알 수 있다."

당신도 성공하는 사람이 되고 싶은가? 독서를 해라. 독서란 꼭 책만을 의미하지는 않는다. 책이나 신문 같은 인쇄매체들을 읽는 행위가 곧 독서이다. 독서를 함으로써 우리들은 무궁무진한 지식의 세계로 나아갈 수가 있는 것이다. TV나 영화 등의 영상매체는 감동을 전달할 수는 있지만 지식을 전달하기는 쉽지 않다. 그런 것들을 통한 지식은 아무래도 단편적일 수밖에 없기 때문이다.

사람들은 얼마나 TV를 많이 볼까? 경제지인 머니 투데이 2010년 4월 10일자 관련기사에 그 대답이 나와 있다. 김대근 기자가 취재한 내용에 따르면 2010년 1, 2, 3월에 한국인 한 가정 당 평균 9시간 4분을 본 것으로 조사되었다. 한 가족 구성원을 평균 4명이라고 치면, 가족 한 명 당 평균 136분, 즉 2시간 16분을 보았다는 계산이 가능하다. 하루는 1,440분인데 그 중 무려 9.44%를 TV를 보면서 지낸다는 것이다.

그러나 이 계산에는 한 가지 허구가 존재한다. 왜냐하면 하루의 활동시간은 24시간이 아니기 때문이다. 여기에서 잠자는 시간 7시간을 빼야한다. 그러면 활동가능시간은 14시간 즉, 840시간이 되고 그렇게 계산을 하면 무려 하루 활동시간의 16.2%를 TV를 보면서 허비한다는 것이다.

물론 TV를 보는 것이 꼭 시간을 낭비한다고만 할 수는 없다. 왜냐하면 TV에서도 좋은 정보를 많이 얻을 수 있기 때문이다. 그러나 TV에서 얻는 것은 단편적인 지식일 뿐 깊이 있는 지식은 아무래도 책이나 신문 같은 인쇄매체를 통하여 얻을 수밖에 없다.

일본의 작가 후루이치 유키오는 ≪1일 30분 인생 승리의 법칙≫이라는 책에서 1년 동안 TV를 보지 않으면 무려 두 달(60일)의 시간을 보너스로 얻을 수 있다고 밝히고 있다. 평일에 최소한 2시간씩 TV를 본다는 가정 하에서 나온 계산이다. 이 가정은 위에서 소개한 우리나라의 현실과도 너무나 일치하고 있다.

국내외의 성공한 인사들 대다수가 모두 독서광이었다는 점 하나만으로도 우리들이 책을 읽어야 할 이유는 분명하지 않은가? 평생을 TV를 보며 소일한 사람과 평생을 독서를 하면서 지낸 사람은 여러 가지 면에서 엄청난 차이가 나올 수밖에 없다. 자, 이제 우리 모두 다시 한 번 독서 계획을 세우고 독서삼매경(讀書三昧耕)에 빠져보자.

스티브 잡스로부터 배우는 교훈

스티브 잡스의 연설을 읽다보면 그가 엄청난 독서광이었다는 사실을 쉽게 발견할 수 있다. 가령 예를 들면, 1984년의 매킨토시 신제품 발표회 때 스티브가 한 연설, "조지 오웰은 과연 옳았을까요?"라는 카피는 조지 오웰의 문학세계나 사상을 완전히 이해하지 않고는 결코 나올 수 없는 명 연설이었으며, 그때 보여준 화면은 그야말로 스티브 잡스의 지식세계를 보여주는 압권이었다.

제 10 계명_ The Tenth Commandment

감사하라

> "거울을 보고 말했다. '하나님, 감사합니다.'라고."
>
> **이지선**

왜 감사해야 하는가? 이 질문에 대한 답은 '왜 우리는 성공해야 하는가?'를 먼저 생각해 보아야 나올 수 있다.

그러면 우리들은 왜 성공을 원할까? 왜 끌어당김의 법칙을 날마다 묵상하고 왜 성공 십계명을 가슴속에 새기며 살아가는 걸까? 길거리에서 만나는 사람 열 명을 잡고 물어 보면 제각기 나름대로의 대답이 나올 것이다. 어떤 사람은 좀 더 나은 생활을 하기 위해서, 어떤 사람은 좀 더 유명해 지기 위해서, 어떤 사람은 자기실현을 위해서, 어떤 사람은 가족과 행복하게 살기 위해서, 어떤 사람은 자기의 꿈을 이루기 위하여, 또 어떤 사람은 불우한 사람들을 돕기 위하여…

그러나 사람마다 이렇게 다양한 목적을 갖고 열심히 노력하여 성공을 거머쥐었다고 해도 그 사람의 마음속에 감사가 없으면 그 사람은 진정으로 성공한 사람이라고 부를 수가 없다. 감사를 모르는 사람은 끊임없이 더 많은 것, 더 높은 곳, 더 큰 것을 원하며 자신을 닦달할 것이기 때문이다. 그에게는 항상 '감사하는 오늘'은 없고 '더 나은 내일'만이 있을 뿐이다. 우리들이 궁핍한 살림에도 감사해야 하고 건강치 못한 몸이라도 감사해야 하는 이유가 바로 여기에 있다.

잠시 감사라는 단어의 어원을 살펴보고 넘어가자. 感謝라는 한자는 느낄 '감'과 사례할 '사'자로 구성되어 있다. 그 말을 풀이해 본다면 '고맙게 여기는 마음을 느끼는 것' 정도가 될 것이다. 우리말의 감사에 해당하는 영어 단어는 Gratitude가 있는데 이 말은 라틴어의 Gratus라는 말에서 파생되었다고 한다. 그 뜻은 '다른 사람을 기쁘게 해 준다.'라는 의미라고 한다. 결국 누군가에게 감사한다는 말은 그 사람을 기쁘게 하는 것이므로, 감사할 줄 아는 사람들은 항상 더 많은 것을 얻게 된다. 기쁘게 된 사람이 가만히 있을 리가 없기 때문이다.

성공한 사람들은 다른 사람들의 배려를 당연시 하지 않는다. 작은 친절에도 고마워하면서 어떤 식으로든 감사의 뜻을 전한다. 실제로 일본의 백만장자들을 대상으로 한 설문조사에 따르면, 고액 소득자일수록 편지나 이메일의 응답속도가 빠르고 감사의 전화나 인사말을 더 자주 하는 것으로 조사되었다.

감사하는 마음은 인간관계뿐 아니라 신체 및 정신건강과도 관련이 깊다. 감사는 스트레스를 줄여주고 부정적인 감정을 완화시킬 뿐 아니라, 신체적인 건강상태도 증진시킨다. 분노와 같은 감정적 공격에 대하여는 감사만큼 효과적인 방어수단이 없다. 무엇인가에 대하여 고마움을 느끼면서 동시에 누군가를 극도로 미워하는 두 가지의 감정이 동시에 존재할 수 없기 때문이다.

　부정적인 감정과 함께 공존할 수 없는 긍정적 상태를 유도해서 부정적 감정을 억제하는 행동치료 원리를 심리학이나 정신치료학에서는 '상호제지의 원리 - Principle of Reciprocal Inhibition'이라고 한다.

　캘리포니아 주립대학교 심리학과의 로버트 에몬스 교수는 감사하는 마음이 정신건강 및 신체건강을 증진시킬 수 있다는 사실을 실험으로 증명했다.

　그는 피 실험자들에게 매일 고마운 일 다섯 가지를 쓰게 했다. 그렇게 몇 달이 지난 후 그런 일기를 쓰지 않은 사람들과 비교했다. 예상했던 대로 감사 일기를 썼던 사람들은 그렇지 않은 사람들에 비해 건강상태가 현저하게 좋아졌다. 에몬스 교수는 이렇게 결론을 내렸다.

　"사람들에게 의식적으로 감사하는 마음을 갖게 한 결과 부교감신경계가 활성화되고 스트레스와 긴장 정도가 많이 감소함을 확인할 수 있었다. 결론적으로, 감사 일기를 쓴 사람들은 그렇지 않은 사람들보다 스트레스는 적게 받고 행복감은 더 많이 느낀다는 사실을 확인 할 수 있었다."

　감사를 많이 느낀 사람들은 더 낙관적이고 사고가 유연해서 문제해결 능력도 더 뛰어나게 된다. 다른 사람들로부터 협조를 구하고 싶은가? 행복하게 살고 싶은가? 그렇다면 의도적으로라도 감사하는 마음을 가져라.

　여러분들은 모두 이지선 씨를 기억하고 있을 것이다. 2000년 7월 음주운전자가 낸 사고로 인하여 그녀는 엄청난 화상을 입고 거의 죽음 직전에서 살아난다. 그리고 3년, 긴 고통 속에서 깨어나 책을 냈다. 그 책이 바로 ≪지선아 사랑해≫란 책이다.

나는 버스 광고판에서 그 광고를 보고 지선 씨의 책을 사서 읽었다. 읽는 내내 얼마나 울었는지 모른다. 평생 수많은 책을 읽어 보았지만 그 책만큼 많은 눈물을 흘리면서 읽었던 책은 없었던 것 같다.

나는 그 책을 읽는 내내 나 자신이 지선 씨 오빠의 심정이 되어 있었다. 당시 중앙대학교 학생이던 오빠는 '내가 좀 더 일찍 지선이를 끄집어 냈어야 하는 건데…' 하면서 동생이 그렇게 된 것이 마치 자신의 잘못인 양 가슴을 치며 후회하고 있었다. 그 책이 너무나도 감동적이었던 지라 나는 열 권 가까이를 사서 친구들에게도 주고 지인들에게도 선물했다.

그 사건 이후 10년의 세월이 흐른 2010년 11월, 나는 다시 신문지상에서 그녀의 인터뷰 기사를 읽었다. 조선일보 기자와 만난 그녀는 인터뷰를 하는 내내 감사, 또 감사를 연발하고 있었다. 그런 역경을 당해보지 않았던 나로서는 잘 이해가 되지 않았다. 도대체 이지선 씨에게 무슨 그리 감사할 일이 많을까? 그 예쁘던 얼굴이 화상으로 일그러지고 추해졌는데도, 지선 씨 자신의 표현을 빌자면 홀라당 타버렸는데 무엇이 그리 고마울까? 이지선 씨를 좀 더 이해하려면 그녀의 삶을 추적해 볼 필요가 있다.

자, 그럼 우선 그 사건 당시의 상황을 재현해 보기로 하자. 다음은 2000년 7월 31일 아침 신문에 보도된 내용이다.

"어젯밤 11시 반쯤, 서울 한강로 1가 앞길에서 갤로퍼가 신호를 기다리던 마티즈 승용차 등, 여섯 대와 추돌사고를 일으켰다. 이 사고로 마티즈 승용차에 불이 나서 차에 타고 있던 스물 세 살 이 모씨가 온 몸에 3도의 중화상을 입고 인근 병원으로 긴급 후송되었다. 경찰 조사결과, 갤로퍼 승용차 운전자는 혈중 알코올 농도 0.35%의 만취 상태였다고 한다."

정말 예감이란 있는 것일까? 후일 이지선 씨는 사고 직전, 자신의 불안했던 심정을 이렇게 토로하였다.

"그날은 일요일이었습니다. 저는 학교 도서관에서 공부를 하고 있었습니다. 그런데 그날은 참 이상한 날이었습니다. 무언가 몸이 물에 젖은 것처럼 무겁게 느껴지기도 하고, 공부를 하려고 해도 도저히 집중할 수가 없었습니다. 그냥 집에 갈까? 저녁을 먹을까? 오빠와 같이 먹자고 할까?… 어느 것 하나 확실히 결정할 수도 없고 이것도 저것도 아닌 불안한 마음… 그런데 나중에 오빠로부터 들어보니 오빠도 하루 종일 이유 없는 불안감에 시달렸다고 합니다."

2000년 7월 30일, 이화여대 유아교육과 4학년 학생이던 지선은 여느 때와 다름없이 도서관에서 공부한 뒤 자신을 데리러 온 친오빠의 차를 탔다.

어린아이들을 유난히 좋아해서 유아교육과를 선택했고 이제 졸업하면 미국 유학길에 오를 계획으로 있었다.

그러나 스물세 살 꿈 많고 아름다운 이 아가씨 앞에 그런 엄청난 재앙이 기다리고 있을 줄 그 누가 꿈엔들 생각했을까? 이지선은 학교 도서관에서 공부를 마치고 오빠의 차로 귀가하던 중 음주운전자가 낸 7중 추돌사고로 전신 55퍼센트에 3도의 중화상을 입게 된다.

'대한민국 화상 1등'이라는 별명을 얻을 만큼 전례를 찾아볼 수 없는 심각한 화상이었다. 살 가망이 없다고, 살아 난다도 해도 사람 꼴이 아닐 것이라며 의료진은 비관적인 태도를 보였지만, 이지선은 7개월간의 입원, 30번이 넘는 고통스런 수술과 재활치료를 이겨내고 다시 살아났다.

가족들조차 예전의 모습을 떠올리지 못하는 낯선 얼굴로 그녀는 다시 태어난 것이다. 엄지손가락을 제외한 8개의 손가락을 한 마디씩 절단하고 '3급 장애 진단'을 받았다.

그녀는 사고 후 처음으로 쓴 글에서 이렇게 말했다. 사고 난지 다섯 달이 지났을 때였다.

"모든 걸 잃은 것 같지만, 살아 있어서 흰 눈도 보게 해 주시고 추운 겨울을 다시 맞게 해 주시니 감사합니다."

그리고 책을 내었다. 그런 엄청난 사고와 그 후유증을 모두 견디어 내고 그녀가 쓴 책이 ≪지선아 사랑해≫이다. 2003년에 그 책이 나오자 많은 사람들이 그녀에게 찬사를 보냈다. 그 후부터 이지선은 절망을 희망으로 바꾸는 '희망메신저'가 되었고 어떤 상황에서도 감사하는 마음을 잃지 않는 '감사전도사'가 되었다.

2004년 봄, 미국 유학길에 올라 보스턴대학에서 재활상담학 석사를 마치고 컬럼비아 대학에서 사회복지학 석사 학위를 받은 후, 2010년 가을부터 UCLA 대학에서 사회복지학 박사과정을 공부하고 있다고 한다.

그녀는 지금도 한국, 미국, 일본 등 전 세계에서 강연 요청이 끊이지 않는다. 2010년 7월에도 수술을 했다고 한다. 지금까지 수십여 차례의 이식수술로 인하여 이제는 몸에서 떼어다 쓸 수 있는 피부도 거의 남아있지 않다니 그 고통을 어찌 다 글로 표현하랴. 그래도 그녀는 감사하단다.

"이제는 눈도 잘 감기고(사고 직후에는 피부가 땅겨서 눈이 잘 감기지 않았다.), 입도 다물어지고(사고 직후에는 입이 다물어지지 않아서 계속 침을 흘렸다.), 발음도 잘 나오니(사고 직후에는 발음이 잘 되지 않아서 '오빠'를 '오까'라고 했단다.) 너무나 감사한 일이지요."

이제 그녀는 화목한 가정에서 평범한 여대생으로 계속 살았다면 절대 알 수 없었을 삶의 비밀들을 하나씩 배우게 되었노라고 말한다. 지금의 내가 좋다고, 지금의 나를 사랑한다고, 결코 예전의 나로 돌아가고 싶지 않다고도 말한다. 어찌 지금의 모습이 더 좋을까 마는 그녀는 그런 극한 상황 속에서 하나님의 사랑을 깨닫게 되고 이 세상의 불행한 사람들에게 희망을 주는 사람으로 오늘을 살아가는 것이다.

사고 당시의 운전자를 어떻게 용서해 줄 수 있었느냐는 기자의 질문에 그녀는 이렇게 대답한다.

"사고 난 때가 일요일 밤이었어요. 사고 당시 우리 가족은 누구를 원망하고 미워할 정신이 없었어요. 그냥 천재지변처럼 받아들였던 것 같아요. 신앙심이 큰 힘이 되었어요. 그 후로는 그 운전기사를 오히려 측은하게 생각하게 되었지요. 가족들과 함께 따뜻하게 보내고 있어야 할 그 시간에 혼자서 소주를 다섯 병이나 마시고 운전해야 했으니 그분의 삶이 얼마나 힘들었을까, 하는 생각을 했어요."

그녀는 2010년 11월 뉴욕에서 열린 국제마라톤 대회에도 참가하여 완주를 해 냈다. 장애인 재활병원 건립기금을 마련하기 위해서 준비한 행사였다. 42.195km는 일반인들도 뛰기 힘든 거리가 아닌가?

"처음 5km를 뛰고 그만둘까도 생각했어요. 이식한 피부에는 땀구멍이 없어서 땀이 외부로 배출되지 않으니 보통 어려운 게 아니었지요. 30km까지 뛰기도 하고 걷기도 하면서 겨우겨우 왔는데 너무 힘들어서 땅바닥에 앉아 울고 있었는데 내 또래쯤 되어 보이는 여학생이 '지선씨 힘내세요.'하면서 피켓을 흔들더군요. 다시 힘을 내서 걷고 뛰고 했죠. 마침내 7시간 22분 만에 결승점까지 들어 왔어요."

이제 우리는 여기서 그녀의 삶을 통하여, 그녀의 역경을 통하여 배울 교훈이 있다. 만약 이지선 씨가 그런 사고를 당하지 않았더라면 어떠한 삶을 살아가고 있을까? 아마도 좋은 사람과 결혼하여 사회 중상류층에서 행복하게 지내고 있을 것이다. 자녀들을 잘 키우고 훌륭한 엄마로 살아가고 있을 것이다.

그러나 그런 큰 재앙을 만나면서, 물론 그 엄청난 시련의 충격을 당해보지 않은 우리네 같은 평범한 사람들이 입에 함부로 올릴 일은 아니겠지만, 그녀는 전혀 새로운 제2의 인생을 살아간다. 아마도 앞으로 그녀는 훌륭한 사회운동가로서, 교수로서, 인권운동가로서, 희망전도자로서의 삶을 살아가게 될 것이다. 평범한 과거의 그녀가 살아가는 궤적과는 너무나도 다른 궤적의 삶을 통하여 전 세계의 수많은 사람들에게 희망을 주고 감사하는 방법을 가르쳐 주는 사람이 될 것이다.

많은 사람들이 그녀에게 '지선아 사랑해!'를 외칠 것이다. 벌써 그녀의 영향은 우리 사회 이곳저곳에서 나타나고 있다. 여기 그녀의 책을 읽고 감동을 받은 한 독자의 글을 소개한다.

> 저 역시도 초등학교 4학년 때 얼굴에 화상을 입은 일이 있었습니

다. 커다란 성냥 통에 불붙은 성냥을 떨어뜨렸는데 그게 불이 붙었어요. 화들짝 놀라서 그만 입으로 훅 불다가 성냥머리에 일제히 불이 옮겨 붙으면서 순식간에 불길이 높게 치솟았고 저의 뒷머리까지 홀라당 그슬렸죠. 그래도 저는 엄마에게 혼날 것이 두려워 저도 모르게 방문 뒤에 숨었더랍니다. 엄마께서는 여러 번 저를 불러도 대답이 없으니까 화가 나서 제 방으로 오셨다가는 놀라 나 자빠지셨어요. 저의 그슬린 머리를 빗으로 빗겨내고 얼굴에 바셀린 연고를 발라주시고는 곧바로 병원으로 향했습니다.

엄마께서 택시타고 가자고 하셨지만 저는 어린 마음에 택시비가 비싸니까 버스타도 된다고 했죠. 일부러 신경 써서 옷을 잘 입고 나섰는데도 길을 걷자 사람들이 절 흘끔거리더군요. 버스에 올라타 앉아있는데 나중에 탄 꼬마가 절 보더니 '엄마 무서워'라고 하면서 자기 엄마에게 착 달라붙었습니다. 그때서야 저는 '내 얼굴이 그리 흉측한가?' 하는 생각을 했지요. 그 후 한 달 동안을 학교를 쉬어야 했습니다. 세수도 못하고 집밖으로는 나갈 수도 없었습니다.

지선 언니의 3도 화상은 정말이지 상상할 수가 없습니다. 언니 가족들의 헌신적인 모습을 보면서 '우리 가족이라면 과연 저랬을까?'라는 생각도 해 보았습니다.

인격적으로도 힘든 치료과정을 그렇게 감내해가며 밝은 모습을 보이면서 이겨낸다는 것은 저로서는 상상하기조차 힘든 일입니다. 어

> 린 저의 경험에 비추어 볼 때 '과연 지선 언니는 대단하신 분이다.' 라는 생각을 자꾸만 하게 됩니다. 저 역시도 주변 사람들의 멸시와 눈총을 견디기가 힘들었으니까요. 어린 시절 주변 사람들의 눈총은, '너 그런 얼굴로 어떻게 살래?' 하고 말하는 것 같았습니다. 그런 저에게, 물론 저의 화상과 지선 언니의 화상은 비교조차 할 수 없지만, 지선언니는 희망이고 우상입니다.
> 지선언니 홧팅!

2010년 여름, 그녀는 또 다시 책을 냈다. ≪지선아 사랑해≫의 후속편이다. 거기서 그녀는 자신이 그런 엄청난 사고를 당했음에도 불구하고 막상 자신이 감사할 일들을 찾아보려고 하사 너무나도 많은 감사할 일들이 있다는 사실에 자신도 스스로 놀랐노라고 고백한다.

"손가락이 지금은 여덟 개, 그것도 모두가 다 짧은 손가락뿐이지만, 그 중에서도 엄지손가락 하나만은 온전히 있어서 1인 10역을 할 수 있게 된 것이 얼마나 감사한 일인지, 눈썹이 없어 무엇이든 여과 없이 눈 속으로 들어가는 것을 경험하면서 사람에게 눈썹이 얼마나 중요한지를 알고는 또 감사했습니다. 막대기 같아진 오른 팔을 쓰면서, 나중에 관절이 다시 구부러지기 시작했을 때에야 비로소 온전하게 구부러지는 팔이 얼마나 소중한지를 알게 되었습니다. 온전치 못한 오른쪽 귓바퀴 덕에, 귓바퀴란 것이 귀에 물이 들어가지 않도록 얼마나 정교하게 만들어졌는지를 깨닫고는 또 감사했고, 다리에서 피부를 잘라내어 절뚝거려보고 나서야 온전한 다리를 갖고 걷는다는 게 얼마나 감사한 일인지를 깨닫게 되었습니다.

 모공이 있어서 피부가 숨을 쉬고 땀을 밖으로 내 보내어 체온을 조절해 주는데, 그렇게도 중요한 기능을 하는 피부를 다 잃은 후에야 또 건강한 피부가 얼마나 소중한지, 피부의 고마움을 깨달을 수 있었습니다."

 여덟 개의 손가락을 짧게 잘라내는 수술을 받으러 들어가기 직전에 그녀가 엄마에게 했다는 말은 감사하는 마음의 극치를 보여준다.

"엄마, 더 많이 자르지 않아 감사하지?"

스티브 잡스로부터 배우는 교훈

 다시 애플로 복귀하여 승승장구할 때 스티브는 사형선고를 받게 된다. 전혀 상상해 본 적도 없고 누구도 예측하지 못했던 일이었다. 바로 췌장암 선고를 받은 것이었다. 췌장암은 발견되면 거의 다 죽는, 암 중에서도 아주 치명적인 암이다. 의사로부터 길어야 6개월이라는 판정을 받은 후 스티브는 지금껏 앞만 보고 살아왔던 자신을 한 번 뒤돌아보게 되었다. 그리고 자신이 지금껏 한 번도 감사하면서 살아 온 적이 없다는 사실을 깨닫게 된다. 지금껏 자신이 이룩한 놀라운 결과들은 그저 자기가 남다른 비전을 품었고 혁신을 고집했기 때문이라고만 여겨왔었다. 그러나 막상 죽음을 앞에 두자 자신이 얼마나 오만했던가를 깨닫게 된 것이다.

 모든 것을 담담히 받아들이기로 하고 자신을 정리하던 중 뜻하지 않은 소식을 듣게 된다. 자신의 췌장암이 수술이 가능한 특이한 종양이라는 병원 측의 검사 결과를 통보받게 되는 것이다. 그 후 수술을 받고 그는 현업에 다시 복귀하게 된다. 그때의 사건을 계기로 스티브는 인간이 얼마나 나약한 존재인지를 깨닫게 되었고 세상을 보는 눈이 달라졌다고 고백했다. 그때부터 스티브는 매사에 감사하며 이웃을 돌아보는 삶을 살게 되었노라고 술회했다. 스탠퍼드 대학교의 졸업식에서 그가 한 축사를 들어보면 그의 인생관이 죽음의 문턱까지 갔다 온 후 얼마나 바뀌었는지를 알 수 있을 것이다.

"아무도 죽음을 원하지는 않습니다. 그러나 죽음은 누구도 비켜가지 않습니다, 어느 누구도 죽음에서는 자유롭지 못하지요. 어쩌면 죽음은 신이 고안해 낸 가장 훌륭한 발명품인지 모릅니다. 죽음은 삶을 변화시킵니다. 그 앞에서 우리 인간은 겸허해야 합니다."

에필로그_ Epilogue

누구나 성공을 꿈꾸고 멋진 인생을 살기 원한다. 그런데 왜 누구는 성공하고 누구는 성공하지 못하는가?

먼저 이 책을 읽는 독자들 중 기독교인이 아닌 분들에게 잠시 양해를 구하고 성경의 십계명을 살펴보기로 하자. (사실 크리스천이 아니더라도 십계명은 일반 상식으로도 알아둘 필요가 있다.)

첫째 계명   다른 신을 섬기지 말라.
둘째 계명   우상을 만들지 말라.
셋째 계명   하나님의 이름을 함부로 일컫지 말라.
넷째 계명   안식일을 지켜라.
다섯째 계명 네 부모를 공경하라.
여섯째 계명 살인하지 말라.

일곱째 계명 간음하지 말라.

여덟째 계명 도적질하지 말라.

아홉째 계명 거짓 증거 하지 말라.

열 번째 계명 이웃의 아내나 재물을 탐하지 말라.

약간의 표현상의 차이는 있을지 모르나 위에 적은 것이 기독교의 십계명이다. 이를 크게 두 가지로 대별하면 결국은 '하나님을 사랑하라.'는 명령(1 ~ 4)과 '사람을 사랑하라.'는 명령(5 ~ 10)의 두 가지로 압축할 수 있다.

이 책에서 내가 제시한 '성공 십계명'을 다시 한 번 정리하여 보자.

01_ 목표를 세워라.

02_ 다르게 생각하고 다르게 행동하라.

03_ 호기심을 가져라.

04_ 꿈을 시각화하라.

05_ 인생의 멘토를 만나라.

06_ 긍정적 자화상을 가져라.

07_ 실패를 두려워 말고 끈질기게 노력하라.

08_ 주어진 일에 최선을 다하라.

09_ 독서하라.

10_ 감사하라.

나의 성공십계명도 요약한다면 결국 '목표를 세워라.'는 교훈과 '끈질기게 노력하라.'라는 두 가지의 핵심교훈으로 압축될 수 있다.

목표를 잘 세우기 위해서는 평소에 독서를 통한 지식으로 무장을 하고 있어야 할 것이고, 좋은 멘토를 만나서 그분들로부터 인생의 방향에 관한 조언을 받아야만 할 것이다. 또 호기심이 없다면 세상이 그저 그렇고 아무런 의욕도 없을 것이기에 매사에 호기심을 갖는 자세도 필요하다.

일단 목표를 세웠으면 그 목표를 향하여 끈질기게 노력해야 할 것이다. 그러기 위해서는 긍정적인 자화상(自畵像)을 갖는 마음가짐도 필요하고, 실패를 두려워 않고 과감하게 밀고 나가는 추진력도 필요하다.

그러나 진정으로 성공한 사람이 되기 위해서는 거기서 끝나면 안 된다. 우리가 건전한 사회인으로서의 책임을 다 하기 위해서는 목표를 이루어 가는 과정에서나 목표를 이룬 후에도 항상 감사하는 마음가짐이 필요하다. 그래야만 참 인간으로 따뜻한 사회를 만들 수 있기 때문이다. 죽기 살기 식으로 자기만 알고 많이 가졌음에도 불구하고 항상 무엇인가 부족한 마음만 드는 사람이라면, 그 사람은 아무리 많은 성공을 이루었다고 해도 결코 행복한 사람이라고 할 수 없는 것이다.

당신의 가슴 속에 가장 멋진 자신의 모습을 그려보아라. 그리고 날마다 그 모습을 거울을 보듯 눈을 감고 떠 올려 보아라. 멀지 않은 장래에 당신은 서서히 그런 모습을 향해 나아가고 있는 자신을 발견할 수 있을 것이다.

일찍이 나폴레옹은 이렇게 말했다고 전해진다.
"내가 성공한 이유는 내가 성공하기를 바랐기 때문이다."

감사의 글

열정을 품고 스티브잡스를 연구하던 지난날들을 떠올려 본다. e-business 부서장을 맡게 되었을 때의 막막함, 스마트폰 애플리케이션과 뉴미디어의 낯선 세계에 대해 끊임없이 연구하고 밤을 지새운 나날들… 정말 열정 없이는 버틸 수 없는 시간이었다.

나는 언제부터인가 스티브잡스와 그가 만들어 놓은, 그리고 그가 바꾸어 나가려고 하는 세계에 몰두했다. 그러다 보니, 나도 모르게 스마트폰 시장에 대한 '확신'을 갖게 되었고, 그런 신념을 바탕으로 밀고나간 추진력이 증권사 최초의 케이크 애플리케이션 개발로 이어졌고, 결국은 나를 '트위터 백만 대군의 신화' 창조의 주인공 자리까지 이끌어주었다. 매일매일 쏟아지는 업무와 그런 업무의 격랑을 헤쳐 나가기 위해 적어 놓았던 일지들, 메모들… 언젠가는 그것들을 모아 책으로 만들어보려는 막연한 생각은 있었지만, 그것이 이렇게까지 빠르게 나올 줄은 예측하지 못했다.

이 책을 읽고 많은 젊은이들이 불가능에 도전해 보길 희망한다. 더 많은 사람들이 애플리케이션 개발에 관심을 갖게 되길 바란다. 그래서 우리나라에서도 미국의 스티브잡스를 뛰어넘는 누군가가 나오기를 열망한다. 그 과정에 이 책이 조금이나마 도움이 될 수 있다면 나는 그것으로 만족할 것이다.

이 기회를 통하여 감사할 분들이 너무나도 많다. 열정과 도전정신으로 힘을 주신 하나대투증권 김지완 사장님을 비롯한 이병화 감사님, 최정호 전무님, 조현준 전무님, 강승원 상무님, 유용준 홍보실장님께 감사한 마음을 전한다. 나와 한 몸이 되어 트위터 백만 대군의 신화를 창조한 하나대투증권 e-business부 부원들 - 고유석 부장, 위문복 부장, 하진태 부장, 황순배 차장, 이현원 차장, 채널 팀, 멘토스 팀, 사이버 팀, 모두 모두 감사, 감사, 감사!

이 부족한 사람을 하나금융지주 Smart Wave TFT 팀장으로 불러주신 김승유 회장님께도 감사를 드린다. 오승준 대리를 비롯한 스마트 웨이브 태스크 포스 팀의 팀원들과 블링크팩토리 이지만 대표에게도 감사의 말을 빼놓을 수 없다.

나의 인생의 멘토가 되어주시고 어려울 때마다 조언을 아끼지 않아주신 주대준 KAIST 부총장님께 많은 신세를 지고 있음을 밝힌다. 또 톡톡 튀는 아이디어로 많은 도움을 주신 대한항공의 조현민 상무께도 감사의 말을 빼 놓을 수 없다.

이 책이 출간되기까지 물심양면으로 힘을 써주신 도서출판 행복우물의 최대석 대표님과, 퇴근하여 휴식을 해야 할 시간까지도 모두 희생해가며 묵묵히 원고를 수정해 준 최우수 대리에게도 감사의 마음을 전한다.

세 자녀의 엄마이자 나의 아내인 김혜선 님, 여보 사랑해~~ 나 정말 장가 잘 갔어! 씩씩한 박종혁, 멋쟁이 박혜인, 귀여운 박진주, 사랑한다, 나의 아들딸들아. 이 아빠가 너희들에게 더 당당하고 멋진 아빠가 되려고 노력한다는 사실, 너희들이 잊지 않았으면 좋겠다.

항상 자식 잘되기를 눈물로 기도하는 아버지 박성익 님, 어머니 이전조 님, 당신들은 언제까지나 자랑스러운 나의 부모님이십니다.

2011년 새해에 박인규 드림

4차원의 세계
유광호 지음 / 288쪽 / 13,000원

누가 구름을 사라지게 하고 비를 멈추게 하는가?

양자물리학과 양자생물학을 파고 들어서 마침내 밝혀낸 4차원, 그 신비의 세계!

여우사냥
다니엘 최 지음 / 반양장 368쪽 / 각권 13,000원

제1권 조선의 왕비를 제거하라 제2권 원수 찾아 삼만리

이 책은 명성황후 시해사건의 핵심 3인방인 이노우에 가오루, 미우라 고로, 그리고 이토 히로부미의 젊은 시절을 추적함으로써 그들과 이 사건의 연관관계를 파헤친다.

가난이 선물한 행복
다니엘 최 지음 / 368쪽 / 11,000원

이 책은 한국판 〈채털리 부인의 사랑〉이다.

직장에서의 퇴출, 창업, 사업실패, 극빈층으로의 전락… 갑작스런 환경의 변화를 견디지 못한 아내는 급기야 불륜의 늪에 빠지고…

부부치유학
임종천 지음 / 332쪽 / 14,000원

가정 치유사역의 전문가인 임종천 목사가 오랜 임상/상담 결과를 바탕으로 이룩한 부부 관계 개선의 금자탑이자 건강한 가정을 꿈꾸는 사람들에게 선물하는 종합처방전.

모세의코드
제임스 타이먼 지음 / 다니엘 최 옮김 / 208쪽 / 올 컬러 / 12,000원

3,500년간 감추어졌던 비밀이 이제 세상에 공개된다. 〈시크릿〉에서 시작된 끌어당김의 법칙은 〈모세의 코드〉로 완성된다.

박정희 다시 태어나다
다니엘 최 지음 / 440쪽 / 13,000원

박정희 대통령과 육영수 여사가 만일 비운에 돌아가시지 않고 천수를 다 하셨다면 대한민국은 과연 어떻게 변했을까? 본격적인 가상 정치, 경제, 군사소설.

성공의 기술
빌 보그스 지음 / 최우수 옮김 / 284쪽 / 13,000원

리처드 브랜슨, 바비 브라운, 르네 젤위거, 브룩 실즈 등, 사회 각계 각층에서 성공한 40인의 성공노하우 및 성공 뒤에 감추어졌던 실패담을 공개한다.

굿바이 내 사랑 스프라이트
마크 레빈 지음 / 김소향 옮김 / 고급 양장본 / 260쪽 / 9,500원

몸의 여러 질병에도 불구하고 주인에게 기쁨과 위안을 주려는 스프라이트의 노력, 안락사를 시켜야 할지를 두고 고민하는 가족들의 착잡한 심정, 스프라이트를 떠나보내면서 가족들이 흘리는 눈물, 주위 사람들이 보내주는 위로의 편지들…

슬픔이 밀려올때
컬크 나일리 지음 / 지인성 옮김 / 240쪽 / 12,000원

이제 막 결혼하여 행복한 가정을 이루며 살아가고 있는 아들과 며느리의 삶을 지켜보는 것은 노 목사 부부의 크나 큰 기쁨이었다. 그러던 어느 날 아들의 갑작스런 죽음은 그들 가정에 엄청난 충격을 몰고 오는데…

바다에 산다
다니엘 최 지음 / 208쪽 / 9,000원

2002년의 제2차 연평해전에서 온 몸을 다 바쳐 조국의 바다를 지켜낸 자랑스러운 우리의 해군 용사. 아, 우리는 왜 그때 그들을 위해서 눈물을 흘려주지 못했던가…